Comment protége entreprise des cyber...

Un guide complet pour aider les entreprises à renforcer en 18 étapes la sécurité de leurs données et systèmes informatiques

2019

SWANN BIGOT

Juriste et consultant

Droits d'auteur et propriété intellectuelle

Edition indépendante, Swann BIGOT – Septembre 2019

Code ISBN : 9781709096761

SOMMAIRE

INTRODUCTION

Avec l'expansion continue de l'espace numérique et le développement des outils associés, les risques cyber ont considérablement augmenté pour les acteurs économiques. Les **cybermenaces** sont aujourd'hui **permanentes, diffuses** et **diversifiées** : cyberattaques détruisant ou chiffrant les systèmes d'information et les données contenues, piratage de comptes bancaires causant des transferts illégaux de fonds et de lourdes pertes financières, logiciels espions volant des informations protégées par la propriété intellectuelle et le secret des affaires ou *rançongiciels* cryptant les données, paralysant les équipements et bloquant l'activité de l'entreprise ciblée. L'hyperconnectivité augmente considérablement les risques. La **cybersécurité est donc un enjeu essentiel** pour assurer le **bon fonctionnement** et la **pérennité de votre entreprise**, peu importe sa taille. Il est vital pour les entreprises (TPE, PME et ETI)[1], dont l'activité et les revenus dépendent de l'outil numérique, de se protéger efficacement contre ces cybermenaces. Les grandes entreprises, si elles sont aussi visées par des cyberattaques, ont davantage de ressources pour se protéger, surmonter une crise et absorber l'impact financier grâce à un flux de trésorerie plus important. Des cyberattaques peuvent toutefois leur causer des **pertes de chiffre d'affaire et de résultat à plusieurs millions d'euros**, comme ce fut le cas pour le groupe Saint-Gobain suite à l'attaque par le rançongiciel **NotPetya** en juin 2017 : 220

---

[1] **TPE** : très petite entreprise, désigné aussi comme **micro-entreprise**; **PME** : petite et moyenne entreprise ; D'après l'INSEE, les petites et moyennes entreprises (PME) sont celles qui, d'une part, occupent moins de 250 personnes, d'autre part, ont un chiffre d'affaires annuel n'excédant pas 50 millions d'euros u un total de bilan n'excédant pas 43 millions d'euros ; **ETI** : entreprises de taille intermédiaire – L'INSEE entend par ETI comme une entreprise qui a entre 250 et 4999 salariés, et soit un chiffre d'affaires n'excédant pas 1,5 milliard d'euros soit un total de bilan n'excédant pas 2 milliards d'euros. Une entreprise qui a moins de 250 salariés, mais plus de 50 millions d'euros de chiffre d'affaires et plus de 43 millions d'euros de total de bilan est aussi considérée comme une ETI.

millions d'euros de perte de chiffre d'affaires et 80 millions d'euros de perte de résultat.

En outre, si votre entreprise est un opérateur d'importance vitale (OIV)[2], les obligations de sécurité des systèmes d'information et de signalement des incidents sont renforcées par la législation et la réglementation françaises.

L'enjeu financier est donc considérable. L'impact des cybercriminels sur des milliers d'entreprises dans le monde **en 2018** a été estimé à **600 milliards de dollars**, soit **0,8% du PIB mondial** dans un rapport publié par la firme de cybersécurité McAfee et le Centre d'études stratégiques et internationales (CSIS), un think tank basé à Washington. L'étude menée en 2014 estimait le niveau des pertes à **445 milliards de dollars.**[3]

Pour les PME, assumer le coût du remplacement du matériel informatique infecté par un rançongiciel, perdre des données industrielles et commerciales mal sécurisées et se retrouver dans l'impossibilité de livrer la commande ou fournir le service attendu aux clients peut devenir rapidement une lourde charge financière menaçant leur activité.

Cet ouvrage a pour objectif d'identifier et de comprendre les enjeux de cybersécurité pour les entreprises. Le développement qui suit repose sur une approche pratique et didactique, donnant la priorité à la présentation et la compréhension des actions à mettre en oeuvre afin que la sensibilisation des employés, cadres et dirigeants soit efficace.

Une telle démarche est indispensable dès lors que la protection de votre entreprise contre les cybermenaces répond à des **enjeux opérationnels et légaux** (I) et que la cybercriminalité économique entraîne de **lourdes pertes financières** (II). Tant les **données bancaires et financières** (III) que les **secrets industriels et commerciaux** sont ciblés (IV). Toutefois, l'usage continu de **bonnes pratiques simples** (V) et le recours à des **outils techniques adaptés** (VI) permet aux entreprises de se protéger efficacement

---

[2] Opérateur d'importance vitale : acteur privé ou public indispensable au bon fonctionnement de la vie de la Nation, tels que les entreprises de l'énergie, du traitement de l'eau, des transports publics, des réseaux de télécommunications, de l'alimentation, les services de santé, les administrations civile et de la défense, la justice, les services bancaires, etc... La cybersécurité des systèmes d'information des OIV est directement liée à l'exercice de la souveraineté nationale.

[3] McAfee, "*New Global Cybersecurity Report Reveals Cybercrime Takes Almost $600 Billion Toll on Global Economy*", February 20, 2018 : https://www.mcafee.com/enterprise/en-au/about/newsroom/press-releases/press-release.html?news_id=20180221005206 ;

contre les cybermenaces. S'appuyer sur les compétences d'un « **délégué à la protection des données** » permettra également de gérer efficacement l'obligation légale de protection des données traitées par votre entreprise (VII). Enfin, **investir dans une assurance** contre les cybermenaces s'avère très utile pour toute entreprise, grande, moyenne ou petite. L'assistance financière, juridique et technique apportée par un service d'assurance en cas de cyberattaque sera déterminante pour la résilience de votre entreprise et la continuité de votre chiffre d'affaires (VIII).

Chapitre I Des enjeux opérationnels et légaux :

L'enjeu **opérationnel** est de préserver l'intégrité et la confidentialité des données de l'entreprise, le bon fonctionnement des outils de travail, la confiance des clients et en conséquence le maintien et la croissance future de votre chiffre d'affaires.

L'enjeu est aussi **légal** dès lors que le règlement général européen sur la protection des données (RGPD) du 27 avril 2016, entré en vigueur le 25 mai 2018, **impose** aux entités publiques, aux entreprises (TPE, PME, ETI et GE) et aux associations établis sur le territoire de l'Union européenne qui manipulent des données à caractère personnel **d'en assurer la protection** (article 32) et de **notifier les incidents dans un délai précis** (article 33).

Ainsi, une entreprise enregistrée au Luxembourg mais qui exporte l'ensemble de ses produits et/ou services vers la Chine, demeure soumise au RGPD. (Critère de l'établissement)

Les **entités** dont le siège social n'est pas situé dans l'Union européenne mais **dont la cible sont des personnes se trouvant sur le territoire européen**, sont aussi **soumis aux obligations posées par le RGPD** quant à la protection des données et à la notification des incidents dans un délai précis.

Ainsi, une entreprise enregistrée au Canada et proposant un site de e-commerce en français et la livraison de ses produits et/ou services en France est soumise au respect du RGPD. (Critère du ciblage)

Le champ d'application territorial est défini à l'article 3 du RGPD.

En France la loi n°2018-493 du 20 juin 2018 a mis en conformité la loi du 6 janvier 1978 avec le RGPD. Bien que d'application directe, comme tout règlement européen, ce nouveau texte a prévu plusieurs marges de manœuvre qui ont amené le législateur français à actualiser le régime de 1978 de protection des données à caractère personnel. Un Décret n°2018-687 du 1er août 2018 est venu compléter les dispositions apportées par la loi du 20 juin 2018.

Dans le cadre de votre activité, comment identifier une donnée à caractère personnel ?

L'article 4 du RGPD donne la définition suivante de **la donnée personnelle** : « *toute information se rapportant à une personne physique identifiée* ou *identifiable* ; est réputée être une «personne physique identifiable» une personne physique qui peut être identifiée, **directement** ou **indirectement**, notamment par **référence à un identifiant**, tel qu'un nom, un numéro d'identification, des données de localisation, un identifiant en ligne, ou à un ou plusieurs éléments spécifiques propres à son identité physique, physiologique, génétique, psychique, économique, culturelle ou sociale; »

Qu'elle soit confidentielle ou publique, de nature privée ou professionnelle, toute information qui correspond à cette définition est considérée comme une donnée à caractère personnelle et **doit faire l'objet d'une protection** dont les conditions sont fixées par le RGPD.

Ainsi, les **données relatives aux clients d'une entreprise** sont des **données à caractère personnel** faisant l'objet d'un traitement et auxquelles s'applique le RGPD : les relevés de compte bancaire, les devis, les factures, les fichiers clients mentionnant les noms et prénoms, les adresses électroniques, l'annuaire téléphonique, etc...

Toutefois, les données relatives **exclusivement aux coordonnées** d'une entreprise **ne sont pas considérées** comme des **données à caractère personnel**. Ce sont des données qui ne correspondent pas à une personne physique mais qui sont relatives à une personne morale, l'entreprise (adresse postale de l'entreprise, numéro de téléphone du standard, email de contact générique).

Ces enjeux opérationnels et légaux soulèvent la question de la protection des données des clients (1), de la déclaration du traitement de données à la CNIL (2) et de l'utilisation de la politique de sécurité de l'entreprise comme un avantage commercial (3).

1. La protection des données personnelles des clients :

Le RGPD **impose** aux entités publiques, aux entreprises et aux personnes physiques manipulant des données personnelles de ressortissants européens **d'en assurer la protection**.

Peu importe la taille du fichier rassemblant des **données personnelles relatives aux clients de votre entreprise**, il est indispensable d'en **assurer la sécurité**. C'est **une obligation légale**, en vertu de l'article 32 du RGPD qui dispose que « *[...] le responsable du traitement* **et** *le sous-traitant* **mettent en œuvre les mesures** *techniques et organisationnelles* **appropriées** *afin de* **garantir un niveau de sécurité adapté au risque** *[...]*. »

Le « responsable de traitement » **détermine** la finalité et les modalités du traitement des données personnelles. Le sous-traitant traite des données personnelles **pour le compte et sur instruction** d'une autre organisation, qui est le « responsable du traitement ».

La sous-traitance visée par le RGPD engloben notamment l'envoi de courriers de prospection commerciale, la gestion de la paie de salariés, la publicité personnalisée, l'hébergement de données.

Un **contrat de sous-traitance** devra être conclu entre le responsable du traitement des données personnelles et le sous-traitant.

S'agissant d'un site de vente en ligne, le responsable du traitement sera l'organisation ayant créé le site et l'utilisant pour ses activités commerciales. Le sous-traitant sera l'entité hébergeant le site de vente en ligne.

L'article 5 §1 f) du RGPD ajoute : « *1. Les données à caractère personnel* **doivent être:** *[...]* **traitées de façon à garantir une sécurité appropriée** *des données à caractère personnel, y compris* **la protection** *contre le traitement non autorisé ou illicite et contre la perte, la destruction ou les dégâts d'origine accidentelle, à l'aide de mesures techniques ou organisationnelles appropriées (intégrité et confidentialité);* »

Outre d'entacher l'image et la réputation de votre organisation en termes de protection interne des informations, la **perte des données personnelles** de vos clients en raison d'une protection insuffisante entraînera des **conséquences juridiques**.

La **protection contre les cybermenaces des données personnelles** que traite votre entreprise est donc **une obligation** découlant du RGPD du 27 avril 2016 et de la loi française du 20 juin 2018 adaptant la loi de 1978.

Le RGPD, entré en application le 25 mai 2018, **renforce la responsabilisation des acteurs traitant les données** (responsables de traitement et sous-traitants). Le texte s'applique à toutes les organisations dont l'offre de biens et/ou de services cible **des personnes qui se trouvent sur le territoire d'un Etat membre de l'Union européenne**, même si leur siège social se trouve hors de l'Europe[4] (critère du ciblage). Lorsque l'organisme en question est établi sur le territoire européen, il est évidemment soumis au RGPD (critère de l'établissement).

En cas de protection insuffisante des données personnelles traitées par une entreprise, la Commission Nationale de l'Informatique et des Libertés (CNIL) peut **prononcer une sanction financière**.

La circonstance que des opérations de traitement de données personnelles soient confiées à des sous-traitants **ne décharge pas** le responsable de traitement **de la responsabilité qui lui incombe** de préserver la sécurité des données traitées pour son compte (Voir Conseil d'Etat, 11 mars 2015, Sté Total raffinage marketing et société X, n° 368748 et CNIL, Délibération n°SAN-2018-001 du 8 janvier 2018).

Le responsable du traitement **devra vérifier** que le sous-traitant respecte les obligations découlant du RGPD. La formation restreinte de la CNIL a ainsi retenu : « *[…] il appartenait à la société, en sa qualité de responsable de traitement, **de s'assurer et de vérifier que** toutes les composantes et options de l'outil de gestion des demandes de service après-vente développées par la société [sous-traitante] **répondaient à l'obligation de confidentialité** […]. Au besoin et en application de règles de bonnes pratiques en matière informatique**, il revenait à la société de faire désactiver** tous les*

---

[4] Le RGPD encadre la mise en œuvre des traitements de données à caractère personnel. Ce règlement fixe les conditions dans lesquelles de telles donnés peuvent être légalement collectées, conservées et exploitées par des organismes publics ou privés. Ces conditions ont pour objectif d'éviter que l'utilisation des informations collectées et stockées ne porte atteinte aux droits et libertés des personnes qu'elles concernent.

modules inutilement mis en œuvre par son prestataire. » (Voir CNIL, Délibération n°SAN-2018-001 du 8 janvier 2018).

Suite à une plainte et à des contrôles réalisés en septembre 2018, la formation restreinte de la CNIL[5] a prononcé publiquement en juin 2019 **une sanction de 400 000 euros à l'encontre d'une entreprise** spécialisée dans la **promotion immobilière**, l'achat, la vente, la location et la gestion immobilière. La CNIL l'a sanctionnée pour **avoir insuffisamment protégé les données des utilisateurs** de son site web et **mis en œuvre des modalités inappropriées de conservation des données.**[6]

Les deux manquements constatés dans cette affaire méconnaissaient les obligations pesant sur les entreprises en application du RGPD et notamment **l'obligation de préserver la sécurité des données personnelles**[7] **des utilisateurs** du site Web de l'entreprise (article 32 du RGPD) et **l'obligation d'une durée de conservation des données personnelles limitée dans le temps**, en fonction de la finalité de leur traitement.

Sur l'année 2018, la CNIL a prononcé des sanctions pécuniaires et des mises en demeure[8] à l'encontre de plusieurs entreprises et organismes pour manquement à la sécurité des données personnelles des clients et usagers :

- 8 janvier 2018 : **sanction de 100 000 euros** contre un distributeur d'équipements électroménager pour une **atteinte à la sécurité des données** clients ayant effectué une demande en ligne de service après-vente ;[9]

- 8 et 15 février 2018 : à la suite de contrôles sur un système de traitement, un organisme d'assurance maladie est **mis en demeure** par la Présidente de la CNIL de **renforcer la sécurisation de cette base de données** comportant de très nombreuses données sur la santé des assurés sociaux, dans **un délai de trois mois**. Au regard de la

---

[5] La CNIL, créée par la loi du 6 janvier 1978, a pour mission d'informer et de protéger les personnes physiques et les entreprises, d'accompagner et de conseiller, de contrôler et de sanctionner le cas échéant (financièrement et/ou juridiquement) et d'anticiper les transformations futures apportées par le numérique, y compris les risques.

[6] https://www.cnil.fr/fr/sergic-sanction-de-400-000eu-pour-atteinte-la-securite-des-donnees-et-non-respect-des-durees-de ;

[7] Les données qui se rapportent à une personne physique identifiée ou identifiable : Nom, prénom, adresse du domicile ou du lieu de travail, date de naissance, numéro de sécurité sociale, numéro d'étudiant, adresse IP, numéro de téléphone, adresse de messagerie électronique.

[8] 49 mises en demeure et 11 sanctions pécuniaires prononcées par la CNIL - Rapport d'activité 2018, CNIL : https://www.cnil.fr/fr/presentation-du-rapport-dactivite-2018-et-des-enjeux-2019-de-la-cnil ;

[9] https://www.cnil.fr/fr/darty-sanction-pecuniaire-pour-une-atteinte-la-securite-des-donnees-clients ;

particulière sensibilité des données traitées, du volume des données enregistrées et du nombre important d'organismes habilités à y accéder, la CNIL a décidé de rendre publique cette mise en demeure. [10]

- **07 mai 2018 : sanction de 250 000 euros** contre un distributeur de lunettes, de lentilles de vue et d'audioprothèses pour **atteinte à la sécurité des données** des clients effectuant une commande en ligne sur le site internet de l'entreprise.[11] Toutefois, par une **décision du 17 avril 2019**, le Conseil d'Etat **a réformé la délibération** de la formation restreinte de la CNIL en ramenant le montant de la sanction à **200 000 euros** en considération de la célérité avec laquelle la société avait remédié au défaut de sécurisation de son site internet.[12]

- **6 septembre 2018 : sanction de 30.000 euros** contre un organisme d'enseignement du français pour une atteinte à la sécurité des données des utilisateurs suivant les cours dispensés, en méconnaissance des dispositions de la loi n°78-17 du 6 janvier 1978 relative à l'informatique, aux fichiers et aux libertés.[13]

Aux termes de l'article 32 du RGPD le responsable du traitement et le sous-traitant **doivent mettre en œuvre les mesures** techniques et organisationnelles **appropriées** afin de **garantir un niveau de sécurité adapté au risque** que présente ce traitement.

Ce risque peut être la destruction, la perte, l'altération, la divulgation non autorisée de données à caractère personnel transmises, conservées ou traitées d'une autre manière, ou l'accès non autorisé à de telles données, de manière accidentelle ou illicite.

L'article 4 du RGPD donne la définition suivante du **traitement de données à caractère personnel** :

« *toute opération* ou *tout ensemble d'opérations* effectuées ou non à l'aide de procédés automatisés et *appliquées à des données* ou des ensembles de données à caractère personnel, telles que la collecte, l'enregistrement, l'organisation, la

---

[10] https://www.cnil.fr/fr/sniiram-la-cnamts-mise-en-demeure-pour-des-manquements-la-securite-des-donnees ;

[11] https://www.cnil.fr/fr/optical-center-sanction-de-250000eu-pour-une-atteinte-la-securite-des-donnees-des-clients-du-site ;

[12] Conseil d'Etat, 17 avril 2019, Société Optical Center, n°422575, réformant le montant de la sanction pécuniaire décidée par la Délibération n°SAN-2018-002 du 7 mai 2018 de la formation restreinte de la CNIL ;

[13] https://www.cnil.fr/fr/alliance-francaise-paris-ile-de-france-sanction-de-30000eu-pour-une-atteinte-la-securite-des-donnees ;

structuration, la conservation, l'adaptation ou la modification, l'extraction, la consultation, l'utilisation, la communication par transmission, la diffusion ou toute autre forme de mise à disposition, le rapprochement ou l'interconnexion, la limitation, l'effacement ou la destruction; »

Cette problématique de la sécurité des données personnelles des utilisateurs d'un site Web d'une entreprise est centrale s'agissant du **commerce en ligne.** Pour de nombreuses personnes effectuant des achats sur Internet, il est important de savoir que leur **identité**, leurs **données de paiement**, leur **adresse électronique et postale sont sécurisées** et qu'aucun tiers non autorisé ne puisse y accéder. Il est essentiel que les clients de votre entreprise sachent **que vous ne partagerez pas leurs données personnelles sans leur consentement.**

Fournir un environnement en ligne sécurisé pour les transactions et protéger l'accès à toutes les informations personnelles traitées et stockées par votre entreprise est **une obligation légale** mais aussi **un avantage commercial à mettre en avant.**

Le cas échéant, il est nécessaire de prendre contact avec votre fournisseur de passerelle de paiement numérique pour vous informer sur les mesures de protection qu'il mobilise pour empêcher la fraude de paiement en ligne et garantir la sécurité des données de vos clients.

Dès lors qu'il existe des règles juridiques sur la sécurité et la confidentialité qui déterminent ce que vous pouvez faire avec les données personnelles de vos clients, il est **important de connaître les principes** posés par le RGPD du 27 avril 2016 et **d'avoir une politique de protection des données claire et à jour.**

La politique de protection des données personnelles utilisées par votre entreprise doit inclure les principes suivants, conformément au RGPD :

- **Un principe de transparence** : Votre politique de protection doit décrire les informations que vous collectez et enregistrez sur les personnes physiques et comment vous les collectez. Si vous les partagez avec des tiers, votre politique de protection doit le mentionner. (Articles 12, 13 et 14 du RGPD)

- **Un principe de finalité** : Votre politique de protection doit décrire comment ces informations sont utilisées. L'enregistrement et l'usage des données sur des personnes physiques doivent être menés de manière licite, loyale et

13

transparente. Le but, la finalité de la collecte et du traitement doivent être précis, légaux, explicites et légitimes. (Article 5 du RGPD)

- **Un principe de proportionnalité et de pertinence** : Votre politique de protection doit démontrer que les données enregistrées sont pertinentes et strictement nécessaires au regard de la finalité du fichier tenu par votre entreprise. (Article 5 du RGPD)

- **Un principe d'une durée de conservation limitée :** Votre politique de protection doit fixer une durée de conservation précise des données collectées sur les personnes physiques, en fonction du type d'information enregistrée et de la finalité du fichier. (Article 5, e) du RGPD)

- **Un principe de sécurité et de confidentialité** : Votre politique de protection doit s'assurer la sécurité et la confidentialité des données collectées sur les personnes physiques et stockées par votre entreprise sont garanties. (Article 32, 5 et 28 du RGPD) Vous devez en particulier veiller à ce que seules les personnes autorisées aient accès aux données stockées. Si votre entreprise possède un site Internet, il est nécessaire de **dédier une page à cette politique de confidentialité**.

L'obligation de protection des données s'associe à un **devoir d'informer dans les meilleurs délais** en cas de cyberattaque entraînant une violation de données à caractère personnel les **autorités administratives compétentes**[14] et les **personnes physiques concernées**[15], sous peine d'importantes sanctions financières.

Le responsable du traitement de données personnelles traitées par l'entreprise ciblée par un incident doit apporter la preuve de la date à laquelle il a pris

---

[14] **Règlement (UE) 2016/679** du Parlement européen et du Conseil du 27 avril 2016 relatif à la protection des personnes physiques à l'égard du traitement des données à caractère personnel et à la libre circulation de ces données, **article 33** : « *1. En cas de violation de données à caractère personnel, le responsable du traitement en **notifie la violation en question** à l'autorité de contrôle compétente conformément à l'article 55, **dans les meilleurs délais** et, si possible, **72 heures au plus tard après en avoir pris connaissance**, à moins que la violation en question ne soit pas susceptible d'engendrer un risque pour les droits et libertés des personnes physiques. Lorsque la notification à l'autorité de contrôle n'a pas lieu dans les 72 heures, elle est accompagnée des motifs du retard.
2. Le sous-traitant notifie au responsable du traitement toute violation de données à caractère personnel dans les meilleurs délais après en avoir pris connaissance. [...]* »
[15] **Règlement (UE) 2016/679, article 34** : « *1. Lorsqu'une violation de données à caractère personnel est susceptible d'engendrer un risque élevé pour les droits et libertés d'une personne physique, le responsable du traitement **communique** la violation de données à caractère personnel à la personne concernée **dans les meilleurs délais**.* »

connaissance de cette violation et qu'il **a réagi avec diligence en notifiant cet incident** aux autorités et personnes concernées dans un délai maximum de 72 heures. La réactivité est **déterminante pour l'image et la réputation** de l'entreprise ciblée par la cyberattaque.

Entre le 25 mai et le 1er octobre 2018, la CNIL reçu **742 notifications de violations** qui concerneraient les **données de 33 727 384 personnes** situées en France ou ailleurs. Ces violations concernaient des atteintes à la confidentialité des données, des atteintes à la disponibilité et des atteintes à l'intégrité.[16]

D'après le rapport d'activité 2018 de l'institution, la CNIL a reçu **1 170 notifications de violations de données**, plus de la moitié en raison d'actes externes malveillants et 17 % à la suite d'un accident interne.[17]

En cas de manquement aux obligations découlant du RGPD ou de la loi du 6 janvier 1978 par le responsable du traitement des données personnelles ou par le sous-traitant, le président de la CNIL peut utiliser son **pouvoir d'instruction** et **de mise en demeure**, tandis que la formation restreinte de la CNIL peut **prononcer une sanction**.

La **mise en demeure** est prononcée si le manquement est susceptible de faire l'objet d'une mise en conformité. Il s'agit de satisfaire à l'exercice par une personne physique de ses droits, y compris pour rectifier ou effacer les données (droit à l'oubli), de mettre les opérations de traitement en conformité avec les dispositions applicables ou encore de communiquer à la personne concernée une violation de données à caractère personnel (sauf pour les traitements qui intéressent la sûreté de l'État ou la défense).

Cette **mise en demeure peut être rendue publique** et peut donc impacter l'image de l'entreprise mise en cause.

La formation restreinte de la CNIL peut être saisie, après un avertissement ou concomitamment à une mise en demeure, par le président, aux fins de prononcer les mesures suivantes à l'encontre de l'entreprise mise en cause :

- Un **rappel à l'ordre** ;

---

[16] https://www.cnil.fr/fr/violations-de-donnees-personnelles-1er-bilan-apres-lentree-en-application-du-rgpd ;
[17] Rapport d'activité 2018, CNIL : https://www.cnil.fr/fr/presentation-du-rapport-dactivite-2018-et-des-enjeux-2019-de-la-cnil ;

- Une **injonction de mettre en conformité le traitement** des données personnelles avec les obligations résultant du RGPD ou de la loi, ou de **satisfaire aux demandes d'exercice** des droits des personnes, y compris **sous astreinte** ;

- La **limitation du traitement**, son **interdiction** ou le **retrait d'une autorisation**;

- Le **retrait d'une certification** ou **l'injonction** à l'organisme certificateur concerné de refuser une certification ou de retirer la certification accordée ;

- La **suspension des flux internationaux** de données ;

- La **suspension partielle ou totale** de la décision d'approbation des règles d'entreprise contraignantes ;

- Une **amende administrative** ne pouvant excéder **10 millions d'euros** ou, s'agissant d'une entreprise, **2 % du chiffre d'affaires annuel mondial total** de l'exercice précédent, le montant le plus élevé étant retenu, voire **20** millions d'euros et 4 % dudit chiffre d'affaires dans les cas visés par les 5° et 6° de l'article 83 du RGPD ;

La décision de la CNIL peut être rendue publique et publiée dans des journaux et supports désignés, aux frais des entités sanctionnées.

À compter de la date de notification de la décision de la formation restreinte de la CNIL, l'entreprise mise en cause dispose d'un **délai de deux mois** pour former **un recours devant le Conseil d'État** contre la décision de la CNIL.

L'atteinte à l'image et à la réputation de votre entreprise, en cas de fuite de données personnelles ou en cas de sanction pour méconnaissance de l'obligation de protection appropriée de telles données, n'est pas à négliger.

2. Faut-il déclarer le traitement de données à la CNIL ?

L'entrée en vigueur le 25 mai 2018 du RGPD a **supprimé l'obligation de déclaration de fichiers** auprès de la CNIL. Le règlement européen privilégie en effet la « responsabilité » des acteurs, traduit en anglais par « *accountability* ». (Voir article 5 RGPD)

Toutefois, si votre site Internet **collecte des données personnelles** (questionnaire en ligne, commande et paiement en ligne, création d'un compte en ligne, etc.), vous devez **vous conformer aux règles issues du RGPD** et être capable **d'en apporter la preuve** en cas de contrôle.

Toute entreprise traitant des données personnelles doit depuis le 25 mai 2018 être capable de démontrer qu'elle respecte le régime en vigueur.

Certaines formalités préalables subsistent dans certains champs d'activité (demande d'avis pour les secteurs police/justice, demande d'autorisation pour certains traitements de données de santé).

Dans tous les cas l'utilisation de votre site web ou le traitement de données de personnes physiques par vos serveurs doit respecter les principes posés par le RGPD.

3. Utiliser la cybersécurité comme avantage commercial :

Chaque entreprise peut **mettre en avant ses efforts de sécurisation** de ses systèmes d'information comme **facteur de confiance accrue** de la part de ses clients et partenaires et de **réputation** auprès de ses prospects. La **sécurité** devient un **avantage de votre offre commerciale.** La politique de sécurité de l'entreprise aide alors à **augmenter le volume de vente** de vos produits et services.

Même si la menace de cyberattaques est réelle et permanente, des entreprises la négligent souvent, invoquant un manque de temps et de ressources à y consacrer. Ces entreprises **subissent alors un choc important** lorsque leurs systèmes et équipements sont frappés par des cyberattaquants. Pourtant, renforcer la cybersécurité de votre entreprise constitue **un avantage commercial**, déterminant dans un environnement compétitif.

Dès que votre entreprise est présente sur le réseau Internet, reçoit, transfert ou stocke les données des clients et de ses produits et services sur des appareils numériques ou utilise un logiciel basé sur le *cloud*,[18] une **stratégie complète de cybersécurité est essentielle**.

La cybersécurité peut être utilisée comme un avantage commercial de plusieurs façons. En voici quelques exemples :

1. **Renforcer la confiance des clients** : En démontrant que votre entreprise prend la cybersécurité au sérieux et a mis en place de solides mesures de sécurité, vous pouvez renforcer la confiance de vos clients et attirer plus d'affaires. Les clients sont de plus en plus préoccupés par la sécurité de leurs renseignements personnels et financiers et sont plus susceptibles de faire affaire avec des entreprises qui peuvent leur assurer la sécurité de leurs informations et données sensibles.

2. **Protection des données sensibles** : Des mesures de cybersécurité solides peuvent aider à protéger les données sensibles de votre entreprise, telles que les dossiers financiers, les secrets commerciaux et les informations personnelles des clients, ce qui peut donner à votre entreprise un avantage concurrentiel en empêchant les fuites d'informations et les violations de données.

3. **Conformité** : De nombreux secteurs sont soumis à des réglementations qui obligent les entreprises à mettre en œuvre certaines mesures de sécurité, telles que le secteur de la santé et le secteur financier (RGPD, etc.). En se conformant à ces obligations légales et réglementaires, les entreprises peuvent éviter des pénalités et des amendes coûteuses et obtenir un avantage sur leurs concurrents non conformes.

4. **Amélioration de l'efficacité opérationnelle** : La mise en œuvre de mesures de cybersécurité peut contribuer à améliorer l'efficacité opérationnelle en réduisant

---

[18] Outil de communication ou d'hébergement de données, le cloud ou « nuage » consiste en la mutualisation des ressources de calcul et de stockage distribuées dans des datacenters répartis dans le monde entier (définition ANSSI). De nombreux services fonctionnent sur le cloud, comme les messageries électroniques. Il est important de savoir que les datacenters sont soumis aux lois et règlements de l'Etat sur le territoire duquel ils se trouvent. Cette exposition à des lois étrangères est une faille potentielle à la confidentialité de vos données.

le risque de temps d'arrêt causé par les cyberattaques et en minimisant le coût de récupération après un cyberincident.

5. **Innovation** : En investissant dans la cybersécurité et en comprenant les dernières menaces, les entreprises peuvent innover et développer de nouveaux produits et services qui répondent aux besoins du marché, tels que le conseil en sécurité, la réponse aux incidents, la chasse aux menaces et plus encore.

6. **Attirer et retenir les meilleurs talents** : Les entreprises qui accordent la priorité à la cybersécurité peuvent attirer et retenir les meilleurs talents en offrant un environnement de travail sécurisé et en démontrant leur engagement à protéger les informations sensibles.

Il est important de noter que la cybersécurité ne peut être un avantage commercial que si elle est mise en œuvre de manière globale et holistique et si elle est alignée sur les buts et objectifs de l'entreprise. Il est également important de revoir et de mettre à jour régulièrement vos mesures de cybersécurité pour garder une longueur d'avance sur les dernières menaces.

Nous allons voir que la **cybercriminalité économique est très active** et provoque des pertes financières importantes pour les entreprises industrielles, commerciales et financières, peu importe leur taille et leur secteur d'activité.

Chapitre II Les chiffres de la cybercriminalité économique :

La cybercriminalité économique recouvre le cyberespionnage, la destruction de données et des fichiers stratégiques, la paralysie ou la destruction de systèmes d'information ou le rançonnage des données, équipements et systèmes.

Les coûts d'acquisition des **logiciels espions** se limitent presque entièrement à la recherche et au développement, puisqu'ils peuvent être dupliqués pour un coût incrémental très faible.[19] Parallèlement, le **montant du dommage généré** par le cyberespionnage en termes d'avantages stratégiques et de coûts financiers est **particulièrement élevé.** L'administration du président américain Barack Obama avait ainsi estimé que le vol de données par cyberespionnage avait généré **en 2008 des pertes estimées à mille milliards de dollars.**[20] Le président américain avait d'ailleurs placé ces menaces parmi les risques de sécurité nationale et économique les plus sérieux auxquels les Etats-Unis faisaient face.

La Commission américaine de la propriété intellectuelle, un organisme se présentant comme indépendant et bipartisan, publiait en 2013 un rapport selon lequel les cyberespions chinois **voleraient chaque année pour 300 milliards de dollars** de propriété intellectuelle.[21]

En 2014, le directeur du FBI James Comey déclarait que les pertes annuelles dues au cyberespionnage mené par la Chine contre les entreprises américaines **se chiffraient en milliards de dollars.**[22]

Les logiciels de destruction ou de rançonnage peuvent eux aussi être dupliqués pour un coût très faible et se diffuser rapidement sur les plateformes de vente du Darknet.

---

[19] OWENS (William A.), DAM (Kenneth W.), and LIN (Herbert S.), *"Technology, Policy, Law, and Ethics Regarding U.S. Acquisition and Use of Cyberattack Capabilities"*, Edition Committee on Offensive Information Warfare, National Research Council, 2009, p.221 : http://www3.nd.edu/~cpence/eewt/Owens2009.pdf ;

[20] President BARACK OBAMA, *"Securing Our Nation's Cyber Infrastructure"*, The White House, May 29, 2009 : http://www.whitehouse.gov/the-press-office/remarks-president-securing-our-nations-cyber-infrastructure ;

[21] The Commission on the Theft of American Intellectual Property, 2013 Report : http://ipcommission.org/report/IP_Commission_Report_052213.pdf ;

[22] « *Le FBI accuse la Chine de cyberespionnage à grande échelle* », Le Monde avec AFP et Reuters, 6 octobre 2014 : https://www.lemonde.fr/international/article/2014/10/06/le-fbi-accuse-la-chine-de-cyberespionnage_4500894_3210.html ;

En 2018, **l'impact financier des cybercriminels** dans le monde a été estimé à **600 milliards de dollars**, soit 0,8% du PIB mondial dans un rapport publié par la firme de cybersécurité McAfee et le Centre d'études stratégiques et internationales (CSIS), un think tank basé à Washington. L'étude menée en 2014 estimait le niveau des pertes à **445 milliards de dollars**.

Steve Grobman, Directeur de la technologie chez McAfee, déclare dans le rapport 2018 :

« *Le monde numérique a transformé presque tous les aspects de nos vies, y compris les risques et la criminalité, de sorte que **la criminalité est devenue** plus efficace, moins risquée, **plus rentable et n'a jamais été aussi facile à mener** ».*[23]

Les cybercriminels peuvent **monnayer les informations personnelles** (données bancaires, adresses et numéros de téléphones, courriers électroniques, données de santé) **et professionnelles** pour des montants de **plusieurs milliers voire millions d'euros** en fonction du volume de données volées et de leur caractère critique.

Les institutions bancaires et financières sont particulièrement ciblées par les cybercriminels, qu'ils s'agissent des établissements privés de crédit, des banques centrales ou des autorités de supervision et de contrôle des opérations financières.

---

[23] McAfee, "*New Global Cybersecurity Report Reveals Cybercrime Takes Almost $600 Billion Toll on Global Economy*", February 20, 2018 : https://www.mcafee.com/enterprise/en-au/about/newsroom/press-releases/press-release.html?news_id=20180221005206 ;

Chapitre III   Les institutions bancaires et financières ciblées :

Des **vols massifs et coordonnés** de données sensibles appartenant à des banques systémiques et des institutions monétaires sous l'action de cyberespions ou de cybercriminels peuvent **gêner leurs activités** et **fragiliser**, même brièvement, le **système bancaire ou la politique monétaire** de l'Etat ciblé. La nature et le volume des informations dérobées ou divulguées détermineront le degré de déstabilisation de l'opération malveillante.

La Réserve fédérale américaine aurait ainsi détecté **plus de 50 cyberopérations hostiles entre 2011 et 2015**, dont quatre qualifiés d'espionnage en 2012, d'après un rapport interne rendu public.[24]

Interrogé par les journalistes de l'agence Reuters, James Lewis, expert reconnu en cybersécurité travaillant au *Center for Strategic and International Studies*, un think tank basé à Washington, déclarait : « *Le piratage informatique est une menace majeure à la stabilité du système financier* ».

Des Etats étrangers peuvent avoir intérêt à obtenir clandestinement des informations confidentielles relatives au marché de la dette fédérale américaine où la politique de la Fed joue un grand rôle dans la fixation des taux d'intérêt. Ce schéma s'applique évidemment aux banques centrales des autres Etats.

Si les informations volées sont rendues publiques, une telle situation peut entraîner une **crise de confiance parmi les clients et les partenaires financiers** et **perturber le marché**. L'image et la réputation de l'institution bancaire ou financière ciblée sera être affectée.

Des cybercriminels ou des Etats motivés par le gain financier mèneront au préalable des **opérations de cyberespionnage** contre des institutions financières et bancaires avant de **dérober plusieurs dizaines voire centaines de millions de dollars.** La Banque centrale du Bangladesh a ainsi été victime d'un vol de 81 millions de dollars en février 2016 suite au piratage du système de communication financière interbancaire SWIFT.

---

[24] LANGE Jason and VOLZ Dustin, "*Exclusive: Fed records show dozens of cybersecurity breaches*", Reuters, June 1, 2016 : https://www.reuters.com/article/us-usa-fed-cyber/exclusive-fed-records-show-dozens-of-cybersecurity-breaches-idUSKCN0YN4AM ;

La firme de cybersécurité Kaspersky Lab révélait en février 2015 que le groupe APT **Cabarnak** aurait **dérobé près d'un milliard de dollars** auprès de trente établissements bancaires dont les systèmes étaient répartis dans une centaine de pays.

Enfin, le serveur Web de **l'Autorité polonaise de supervision financière** a été ciblé par des cybercriminels entre octobre 2016 et février 2017, afin d'obtenir un accès clandestin aux systèmes informatiques de banques polonaises, usant de la méthode du « *watering hole attack* » ou « attaque de point d'eau ».

Ces vols et piratages entraînant **la perte d'importantes sommes et de données financières sensibles** pourraient, s'ils se multipliaient, éroder la confiance des acteurs du marché envers les institutions financières et bancaires ciblées. D'où la **nécessité d'une politique de cybersécurité suffisamment solide** dans le secteur bancaire et financier.

Cette exigence de sécurité est nettement exprimée en France alors que la législation française place les banques parmi les opérateurs d'importance vitale (OIV). Cette qualification entraîne des obligations de sécurité et de contrôle renforcées.[25]

Au-delà du ciblage de ces acteurs systémiques, les établissements de crédit d'envergure régionale et locale sont aussi visés par les cybercriminels.

Enfin, les données de carte bancaire sont une cible habituelle et lucrative. Une fois acquises, elles sont souvent revendues sur les forums du Darknet.

---

[25] Voir la Loi n°2013-1168 du 18 décembre 2013 relative à la programmation militaire pour les années 2014 à 2019 et portant diverses dispositions concernant la défense et la sécurité nationale ;

Chapitre IV   Les secrets industriels et commerciaux, une cible privilégiée :

L'espionnage industriel existe depuis l'Antiquité, qu'il vise les techniques de construction navale protégées par les cités-Etats grecques au Ve siècle avant J.-C. ou l'étude du potentiel économique des villes de l'Asie mineure et du Proche-Orient par des marchands romains au Ier siècle avant J.-C. Les villes marchandes de l'Europe du Nord et de l'Italie de la Renaissance se livraient aussi à un espionnage économique très actif. La révolution industrielle à partir du XVIIIe siècle a renforcé la concurrence entre les Etats et leurs entreprises et par conséquent a favorisé la pratique de l'espionnage industriel. Ayant bénéficié du progrès technique, ce phénomène reste aujourd'hui **une menace constante, diffusée par les outils numériques.**[26]

Les dommages causés sont significatifs. Les vols de technologies et procédés industriels coûteux en recherche et développement **fragilisent une entreprise ou un secteur industriel entier face à la concurrence nationale et étrangère.** Le préjudice financier pour l'entreprise ciblée peut s'élever à **plusieurs dizaines voire centaines de millions de dollars.** Pour une PME, la perte financière suite au vol d'un procédé technique ayant une application industrielle peut s'élever à plusieurs centaines de milliers voire de millions d'euros.

Alors que les PME françaises interviennent de plus en plus sur le marché global, l'espionnage industriel et la concurrence déloyale de la part d'une entreprise basée dans un pays lointain sera difficile à combattre. La perte de parts de marché pourra être lourde financièrement.

Les autorités françaises alertent régulièrement les acteurs économiques nationaux des risques d'espionnage et de déstabilisation par les outils informatiques. Un grand quotidien révélait ainsi à l'automne 2018 comment les services de sécurité français surveillaient de près les **tentatives d'influence, de recrutement et d'infiltration** menées par des agents chinois dans les secteurs industriels, de la recherche et du développement en France.[27] A plusieurs reprises, des espions chinois seraient ainsi

---

[26] Voir BIGOT (S.), « *Les Etats face à l'espionnage dans le cyberespace* », Juin 2019 : https://amzn.to/2JVC6U5 ;

parvenus à s'emparer de **secrets industriels et commerciaux français**, alors que la « culture du renseignement » ne serait pas assez prise au sérieux en France, d'après les journalistes. L'État s'efforce alors de contribuer à limiter les vulnérabilités et encourage les **actions de formation et de sensibilisation** des acteurs **aux enjeux de la sécurité économique**. Il s'agit d'identifier et prévenir les risques et menaces pesant sur le patrimoine économique, scientifique et technologique, l'image et la réputation de l'entreprise, qu'il s'agisse de grands groupes ou de PME.

Aux Etats-Unis, les autorités ont conscience de **l'ampleur de la menace** portée par **l'espionnage industriel**. Ils accusent régulièrement les entreprises chinoises de bénéficier du cyberespionnage industriel mené par les services de renseignement de Pékin pour **obtenir un avantage concurrentiel** sur les entreprises américaines.[28]

Dans un rapport d'octobre 2011 adressé au Congrès américain, le Bureau du contre-espionnage national (ONCIX) qualifiait la Chine « d'acteur le plus actif et le plus persistent en matière d'espionnage économique », y compris à travers le cybèrespace.[29] Ce rapport a suivi la révélation en janvier 2010 de l'opération Aurora, menée par les services chinois à des fins d'espionnage économique et politique, ciblant près d'une trentaine d'entreprises américaines, dont Google, Adobe Systems, Northrop Grumman, Yahoo et Microsoft.[30]

Dès 1996 le Congrès américain adaptait la législation et votait le « Economic Espionage Act » (EEA), texte législatif érigeant en infraction pénale fédérale le vol de

[27] CORNEVIN (C.) et CHICHIZOLA (J.), « Les techniques d'espionnage utilisées par la Chine pour piller le savoir-faire français », Le Figaro, 23 octobre 2018 : http://www.lefigaro.fr/actualite-france/2018/10/22/01016-20181022ARTFIG00306-les-techniques-d-espionnage-utilisees-par-la-chine-pour-piller-le-savoir-faire-francais.php ; CORNEVIN (C.) et CHICHIZOLA (J.), « Espionnage chinois: la note d'alerte des services secrets français », Le Figaro, 22 octobre 2018 : http://www.lefigaro.fr/international/2018/10/22/01003-20181022ARTFIG00305-espionnage-chinois-la-note-d-alerte-des-services-secrets.php ;
[28] Voir David P. FIDLER, "Economic Cyber Espionage and International Law: Controversies Involving Government Acquisition of Trade Secrets through Cyber Technologies", The American Society of International Law, Insights, Volume: 17, Issue : 10, March 20, 2013 : https://www.asil.org/insights/volume/17/issue/10/economic-cyber-espionage-and-international-law-controversies-involving#_edn1 ; Randolph A. KAHN, "Economic Espionage in 2017 and Beyond: 10 Shocking Ways They Are Stealing Your Intellectual Property and Corporate Mojo", American Bar Association, September 19, 2018 : https://www.americanbar.org/groups/business_law/publications/blt/2017/05/05_kahn/ ;
[29] United States of America, Office of the National Counterintelligence Executive, "Foreign Spies Stealing US Economic Secrets in Cyberspace", October 2011 : https://www.dni.gov/files/documents/Newsroom/Reports%20and%20Pubs/20111103_report_fecie.pdf ;
[30] SANGER (D. E.) and MARKOFF (J.), "After Google's Stand on China, U.S. Treads Lightly", January 14, 2010 : https://www.nytimes.com/2010/01/15/world/asia/15diplo.html ;

secrets commerciaux d'entreprises américaines et fournissant aux autorités judiciaires un nouvel outil de protection du patrimoine économique national. Toute personne qui s'empare, possède, copie, transfère ou vend des secrets commerciaux afin de les utiliser au profit d'un pays étranger ou de l'un de leurs agents peut être poursuivi par le juge pénal américain.

Ce cadre législatif est mis en œuvre par le FBI et le Département américain de la Justice qui travaillent ensemble pour assurer la protection des intérêts économiques nationaux face aux menaces.

Un ancien directeur technique de l'entreprise américaine **Valspar Corporation** a ainsi été arrêté par le FBI en mai 2009 pour avoir copié sans autorisation et durant plusieurs mois sur une clé USB pas moins de 44 Giga octets de secrets commerciaux et industriels relatifs à des formules de peinture de son ancien employeur, à la valeur estimée de 7 à 20 millions de dollars. L'espion avait démissionné après avoir trouvé un nouvel emploi à Shanghai, en Chine.[31]

D'autres entreprises américaines telles que **Dow Chemical**[32] ou **Motorola Inc.**[33] ont aussi fait l'objet de tentatives d'espionnage industriel.

En février 2013, l'entreprise de cybersécurité Mandiant[34] publiait un rapport dans lequel elle accusait une unité militaire chinoise basée à Shanghai de conduire des activités de cyberespionnage économique **contre des dizaines d'entreprises et institutions publiques anglophones depuis 2006**, dérobant des documents relatifs à la stratégie, des procédés industriels, des informations commerciales, des contenus de messageries, des identifiants et des mots de passe.

Ces faits sont constitutifs de **vol de propriété intellectuelle**, en méconnaissance de la loi fédérale américaine mais aussi de **l'Accord sur les aspects des droits de propriété intellectuelle** (ADPIC) de l'OMC adopté en 1994. En outre, le vol massif et organisé de propriété intellectuelle constitue une **manipulation déloyale du marché**.[35]

---

[31] FEYDER (S.), *"Ex-Valspar worker pleads guilty"*, Star Tribune, September 3, 2010 : http://www.startribune.com/ex-valspar-worker-pleads-guilty/102196109/ ;
[32] DREW (C.), *"Ex-Dow Scientist Is Convicted of Selling Secrets in China"*, The New York Times, February 7, 2011 : https://www.nytimes.com/2011/02/08/business/global/08bribe.html ;
[33] HARRIS (A.), *"Ex-Motorola Worker on Trial for Stealing Secrets for China"*, Bloomberg, November 8, 2011 : https://www.bloomberg.com/news/articles/2011-11-07/ex-motorola-worker-s-trial-focuses-on-charges-of-secrets-theft-for-china ;
[34] Acquise par l'entreprise FireEye en décembre 2013 ;
[35] BLEDSTEIN (N.), « *Is Cyber Espionage a Form of Market Manipulation* », Journal of Law & Cyber Warfare, Vol. 2:1, 2013 ;

Dans son rapport publié en 2018, la firme de cybersécurité McAfee souligne que le **vol de propriété intellectuelle** représente au moins 25% du coût de la cybercriminalité et menace la sécurité nationale lorsque la technologie militaire est utilisée.[36]

En janvier 2018, un jury américain siégeant dans la ville de Madison dans l'Etat du Wisconsin a reconnu coupable le fabricant et exportateur chinois d'éoliennes **Sinovel Wind Group** de vol de secrets commerciaux auprès de la société américaine **AMSC**, précédemment connue sous le nom d'American Superconductor Inc. Le procureur général adjoint par intérim, John P. Cronan, avait alors déclaré : « *Sinovel a failli détruire une entreprise américaine en lui volant sa propriété intellectuelle (…)* ». Sinovel a en effet volé la technologie brevetée d'éoliennes d'AMSC afin de produire ses propres turbines. Ce vol de propriété intellectuelle a plongé l'américain AMSC dans de sérieuses difficultés financières, à savoir **la perte de plus de 550 millions de dollars en fonds propres** et la **destruction de près de 700 emplois**, soit plus de la moitié de ses effectifs dans le monde.[37] En mars 2011, Sinovel avait passé des contrats avec AMSC pour plus de 800 millions de dollars de produits et services destinés aux éoliennes qu'il fabriquait, vendait et entretenait. Le FBI américain et les autorités judiciaires autrichiennes ont travaillé en commun pour recueillir les preuves nécessaires, y compris sous forme électronique. Si le chinois Sinovel a **accepté de réparer une partie du préjudice subi**, ayant versé 32,5 millions de dollars à AMSC début juillet 2018 et devant verser 25 millions de dollars plus tard aux termes d'un accord homologué par les juges, cette **réparation apparaît faible face aux pertes établies**.[38] Sinovel Wind Group LLC s'est vu enfin infligé l'amende maximale de 1,5 million de dollars par la justice américaine.

Les entreprises victimes de cyberespionnage économique peuvent **perdre leurs avantages concurrentiels** et la **perspective de gains financiers** après les importantes dépenses de recherche et de développement. Fragilisées financièrement, ces

---

[36] McAfee, "*New Global Cybersecurity Report Reveals Cybercrime Takes Almost $600 Billion Toll on Global Economy*", February 20, 2018 : https://www.mcafee.com/enterprise/en-au/about/newsroom/press-releases/press-release.html?news_id=20180221005206 ;

[37] U.S. Department of Justice, Office of Public Affairs, "*Chinese Company Sinovel Wind Group Convicted of Theft of Trade Secrets*", January 24, 2018 : https://www.justice.gov/opa/pr/chinese-company-sinovel-wind-group-convicted-theft-trade-secrets ;

[38] U.S. Department of Justice, Office of Public Affairs, "*Court Imposes Maximum Fine on Sinovel Wind Group for Theft of Trade Secrets*", July 6, 2018 : https://www.justice.gov/opa/pr/court-imposes-maximum-fine-sinovel-wind-group-theft-trade-secrets ;

entreprises peuvent se retrouver forcées de réduire ou repousser leurs projets de croissance et le nombre de leurs employés.

Déclaré en faillite en janvier 2009, **Nortel Networks Ltd**, le géant canadien des télécommunications, aurait été la cible d'un **intensif cyberespionnage industriel** durant une décennie, au moins depuis 2000, témoignent des experts.[39] Les cyberespions utilisaient les identifiants et mots de passe volés de plusieurs dirigeants de Nortel pour se connecter à l'intranet de l'entreprise et télécharger clandestinement des documents stratégiques, commerciaux, techniques, les rapports de recherche et de développement ainsi que les messages électroniques, a relaté Brian Shields, ancien responsable de la sécurité des systèmes d'information de Nortel. L'origine géographique des cyberespions serait le territoire chinois, notamment la ville de Shanghai. Cet espionnage industriel, associé aux difficultés financières, aurait affaibli le groupe. Il est évident que la chute de l'entreprise a libéré des parts de marché significatives pour ses concurrents. Nortel Networks était une cible de choix. Au début des années 2000, il était devenu le principal constructeur d'équipement téléphonique au monde.

L'entreprise américaine **American Superconductor Inc.**, nous l'avons vu, a elle aussi subi des pertes financières et sociales importantes suite au vol de sa propriété intellectuelle par le chinois Sinovel.

Si l'espionnage industriel et commercial n'est pas nouveau, l'espace numérique en a considérablement accru les capacités et rendu plus difficile l'identification et la sanction des espions,[40]entraînant d'importantes pertes technologiques et financières en cas de cyberespionnage économique.

---

[39] GORMAN (S.), "*Chinese Hackers Suspected In Long-Term Nortel Breach*", The Wall Street Journal, February 14, 2012 : https://www.wsj.com/articles/SB10001424052970203363504577187502201577054 ; TSUKAYAMA (H.), "Report: Chinese hackers breach Nortel networks", The Washington Post, February 14, 2012 : https://www.washingtonpost.com/business/technology/report-chinese-hackers-breach-nortel-networks/2012/02/14/gIQApXsRDR_story.html?noredirect=on ; KEHOE (J.), "*How Chinese hacking felled telecommunication giant Nortel*", May 28, 2014 : https://www.afr.com/technology/web/security/how-chinese-hacking-felled-telecommunication-giant-nortel-20140526-iux6a ; "*Nortel collapse linked to Chinese hackers*", CBC News, February 15, 2012 : https://www.cbc.ca/news/business/nortel-collapse-linked-to-chinese-hackers-1.1260591 ; "*Nortel hit by suspected Chinese cyberattacks for a decade*", CBC News, February 14, 2012 : https://www.cbc.ca/news/business/nortel-hit-by-suspected-chinese-cyberattacks-for-a-decade-1.1218329 ;
[40] Voir BIGOT (S.), « Les Etats face à l'espionnage dans le cyberespace », Juin 2019 : https://amzn.to/2JVC6U5 ;

Dès lors, l'usage de bonnes pratiques simples mais renforçant nettement la cybersécurité de votre entreprise est indispensable à la sécurisation de votre activité, qu'elle se déploie sur le marché national ou international.

Chapitre V L'usage de bonnes pratiques simples :

Plusieurs bonnes pratiques doivent être suivies pour protéger votre entreprise contre le cyberespionnage et les cyberattaques. En effet, quel que soit le niveau de sécurité de l'équipement en question, il est toujours possible de le compromettre dès lors qu'un attaquant peut accéder à un flux d'information relié à cet équipement. Aucun système d'information n'est exempt de faille. **Dix actions simples** permettront de **renforcer la sécurité et la résilience** de vos systèmes d'information et équipements en cas d'incident.

1. Des mots de passe forts, changés régulièrement :

La **première étape de sécurisation** consiste à **modifier tous les mots de passe par défaut** présents dans votre système. Envisagez aussi de **désactiver complètement l'accès administrateur** sur les ordinateurs de votre personnel extérieur à votre service informatique / département des systèmes d'information (DSI) pour éviter qu'un logiciel malveillant puisse y être installé. Une telle précaution permettra d'éviter qu'un cyber-attaquant, s'étant introduit dans un ordinateur suite à une imprudence d'un employé, accède facilement au réseau de votre entreprise.[41]

Changez régulièrement chaque **mot de passe** en choisissant des **formules complexes**. Pourquoi ? Un mot de passe fort et changé régulièrement sera difficilement découvert par les intrus utilisant **un logiciel d'attaque par force brute « Bruteforce »**, par **dictionnaire** ou par **table arc-en-ciel**.[42]

---

[41] *"To prevent installation of unauthorized software, organizations may restrict user's ability to install software by **disabling administrative access** to their PC."* In Angel R. OTERO, *"Information Technology Control and Audit, Fifth Edition"*, July 2018, p.383 ;

[42] Une **table arc-en-ciel** est une table précalculée pour inverser les fonctions de hachage cryptographiques, généralement pour craquer les hachages de mots de passe. Les tables sont généralement utilisées pour récupérer un mot de passe (ou des numéros de carte de crédit, etc.) d'une longueur maximale, composé d'un nombre limité de caractères. C'est un exemple pratique de compromis espace-temps, utilisant moins de temps de traitement informatique et plus de mémoire qu'une attaque par force brute qui calcule un hachage à chaque tentative. Les tables Rainbow ont été inventées par Philippe Oechslin en tant qu'application d'un algorithme plus ancien et plus simple de Martin Hellman.

Un mot de passe fort a au moins **12 caractères de 4 types différents** : des minuscules, des majuscules, des chiffres et des caractères spéciaux.

Le mot de passe est votre **première ligne de défense** face aux intrus.

Un cyber-attaquant peut obtenir un accès complet au système d'information de votre entreprise à partir d'un simple compte de niveau administrateur dans lequel il aura réussi à s'introduire après avoir « casser » un mot de passe faible.

Pour réduire le risque d'infection de votre système, **créez un compte utilisateur standard** avec **un mot de passe fort**, que vous pouvez utiliser quotidiennement.

Des mots de passe forts sont indispensables pour **protéger l'accès à vos équipements** contenant des informations industrielles et commerciales sensibles. Avoir un mot de passe tel que "123456" ou pire encore, "password" ou « pwd » vous laisse vulnérable au cyberespionnage et aux cyberattaques.

Veillez à avoir un mot de passe propre à chaque équipement ou système. Si vous utilisez le même mot de passe pour plusieurs équipements, une fois qu'un cybercriminel aura découvert un mot de passe, tous vos comptes, ordinateurs, imprimantes et photocopieurs seront potentiellement attaqués.

Pensez également à **utiliser un gestionnaire de mots de passe** qui stocke et crée de manière sécurisée des mots de passe pour votre entreprise. La CNIL recommande sur son site plusieurs logiciels de gestion de mots de passe.

Pour conclure, en créant des mots de passe forts et changés régulièrement, vous **améliorez la cybersécurité de votre entreprise** et par conséquent **renforcez vos capacités opérationnelles et votre offre commerciale.**

2. Mettre en place l'authentification à deux facteurs :

L'authentification à deux facteurs (2FA)[43] **renforce nettement la sécurité des accès** à vos systèmes et applications métiers en ajoutant un facteur supplémentaire à l'habituel couple identifiant/mot de passe. Cette procédure de sécurité est efficace et relativement simple à mettre en œuvre.

---

[43] Two Factors Authentification ;

Les méthodes d'authentification à deux facteurs supposent que les utilisateurs fournissent **un mot de passe** ainsi qu'un **deuxième facteur**, généralement un **jeton de sécurité** ou un **facteur biométrique**, tel qu'une empreinte digitale, un scan facial ou une reconnaissance vocale. Voici les étapes de mise en place d'une telle procédure :

1. **Accédez aux paramètres de votre compte** : Connectez-vous à votre compte et accédez à l'onglet Paramètres ou sécurité. Recherchez une option pour activer l'authentification 2FA ou à deux facteurs.

2. **Sélectionnez votre méthode préférée de 2FA:** La plupart des méthodes 2FA impliquent l'utilisation d'une application mobile, telle que Google Authenticator ou Authy, ou l'envoi d'un message texte ou d'un appel téléphonique à un numéro de téléphone enregistré. Choisissez la méthode que vous préférez et suivez les invites pour la configurer.

3. **Scannez le code QR ou entrez la clé secrète:** Une fois que vous avez sélectionné votre méthode préférée de 2FA, vous serez invité à scanner un code QR ou à entrer une clé secrète. Cette clé est utilisée pour lier votre compte à l'application mobile ou au numéro de téléphone que vous avez choisi.

4. **Vérifiez votre configuration 2FA** : Après avoir scanné le code QR ou entré la clé secrète, vous serez invité à entrer un code généré par votre application mobile ou envoyé à votre numéro de téléphone. Cela permet de s'assurer que votre compte est correctement lié à la méthode 2FA que vous avez choisie.

5. **Enregistrez votre code de récupération:** Certains services vous donneront un code de récupération que vous pourrez utiliser pour retrouver l'accès à votre compte si vous perdez votre téléphone ou si vous ne pouvez pas utiliser votre méthode 2FA pour une raison quelconque. Conservez ce code dans un endroit sûr.

6. **Activer votre 2FA:** Une fois que vous avez vérifié votre configuration 2FA, vous serez invité à activer 2FA sur votre compte. Après cela, chaque fois que vous vous connectez à votre compte, vous serez invité à entrer un code de votre application mobile ou envoyé à votre numéro de téléphone.

Il est important de garder à l'esprit que 2FA n'est pas infaillible, et c'est toujours une bonne idée d'utiliser un mot de passe fort et unique et d'être prudent lorsque vous cliquez sur des liens ou ouvrez des pièces jointes provenant de sources inconnues.

3. Restreindre les droits d'administrateur du réseau :

Limiter les droits d'administrateur et les droits d'accès à un nombre restreint d'utilisateurs est essentiel pour **réduire le risque de fuite de données sensibles**. Cette limitation vous protège contre deux menaces : d'une part, un cyberattaquant / cyberespion ne pourra pas accéder aux droits d'administrateur après s'être introduit sur l'ordinateur d'un employé. D'autre part, d'éventuels employés malveillants ne pourront pas livrer des informations auxquelles ils n'ont pas accès. Ce dernier scénario est toujours possible, comme l'affaire Valspar Corporation l'a démontré.

Confiez toujours ces droits d'administrateur et droits d'accès **à des personnes de confiance au sein de votre service informatique,** désignées dans leurs documents contractuels. Assurez-vous que ces personnes sont **correctement formées** au **stockage sécurisé et crypté de ces informations** et disposent des **moyens suffisants** pour mener à bien leur mission.

4. La sauvegarde régulière et externe des fichiers importants :

La sauvegarde externe régulière des données importantes pour votre entreprise permet la **résilience face aux cyberattaques effaçant les disques durs** ou celles **bloquant et chiffrant les données et paralysant les équipements** grâce à un rançongiciel (*ransomware).*

Cette sauvegarde externe, sécurisée et régulière protégera la disponibilité des données internes, celles relatives à vos clients, fournisseurs et partenaires.

Dès février 2016 le rançongiciel *Locky* ciblait un centre médical à Los Angeles en Californie. Au printemps 2017, *Wannacry* ou *NotPetya* infectaient massivement les systèmes de grandes et moyennes entreprises et causaient la perte de centaines de millions d'euros. Le rançongiciel *Bad Rabbit* suivait en septembre 2017. En mars 2018, les services de la ville d'Atlanta aux Etats-Unis étaient paralysés par le rançongiciel SamSam. La municipalité aurait dépensé 2,6 millions de dollars pour réparer et rétablir ses systèmes.[44] En mars 2019, la presse spécialisée révélait l'existence de *LockerGoga,*

---

[44] https://www.wired.com/story/atlanta-spent-26m-recover-from-ransomware-scare/ ;

paralysant des entreprises industrielles dont les ordinateurs infectés contrôlent des équipements physiques.[45] Après une première infection chez le cabinet français de conseil en ingénierie Altran, LockerGoga a frappé le fabricant norvégien d'aluminium Norsk Hydro ainsi que deux autres entreprises manufacturières, Hexion et Momentive, engagées dans la chimie. En octobre 2019, le groupe audiovisuel M6 était victime d'un rançongiciel.

Malgré une baisse observée sur l'année 2019, les rançongiciels restent donc une menace actuelle pour les entreprises engagées dans l'industrie ou les services.

Pour réduire l'impact d'une telle attaque sur votre entreprise, les **données sensibles** suivantes doivent être enregistrées sur une sauvegarde externe sécurisée :

- les **éléments comptables ;**

- la **stratégie commerciale** ;

- la **liste des projets de vos différentes équipes** ;

- la **liste de vos clients** avec **leurs données professionnelles et leurs contrats** ;

- les **données personnelles de vos employés** et notamment leurs données bancaires utilisées pour le paiement des salaires et primes ;

- **l'annuaire professionnel** de votre entreprise ;

Il est essentiel de sauvegarder ces données indispensables au bon fonctionnement de votre entreprise. Les données doivent être systématiquement **transférées vers un disque dur externe non connecté au réseau Internet** et à **l'accès sécurisé** par un mot de passe fort.

Cette sauvegarde externe et isolée des **données de votre entreprise** mais aussi de **son site internet** peut vous aider à **récupérer ce que vous avez perdu** en cas de cyberattaque et **rétablir rapidement la capacité opérationnelle de vos équipes** et donc maintenir votre chiffre d'affaires et votre résultat.

Heureusement, la sauvegarde externe de vos données est généralement **une opération simple et peu coûteuse,** avec un réel bénéfice sur le long terme.

---

[45] https://www.wired.com/story/lockergoga-ransomware-crippling-industrial-firms/ ;

Il est recommandé d'utiliser **plusieurs méthodes de sauvegarde** pour assurer la sécurité des fichiers importants pour votre entreprise. Un bon système de sauvegarde comprend généralement :

- des sauvegardes quotidiennes sur un périphérique portable et / ou un service de stockage en nuage sécurisé et basé dans l'Union européenne ;
- des sauvegardes de serveur en fin de semaine ;
- des sauvegardes de serveur trimestrielles ;
- des sauvegardes de serveur annuelles.

Prenez **l'habitude de sauvegarder** vos données **sur un disque dur externe à l'accès sécurisé** ou **une clé USB sécurisée.** Ces équipements doivent être stockés dans un lieu sûr.

5. Protéger l'accès aux sauvegardes externes :

Toute stratégie efficace de protection des données de votre entreprise contre les cybermenaces doit comporter les éléments suivants :

a) Empêcher l'accès physique non autorisé aux données sensibles :

Les entreprises peuvent remplir cet objectif en **chiffrant systématiquement** leurs données. Le chiffrement reste le «correctif le plus efficace» en cas de vol de données. Cette pratique garantit **la confidentialité, l'intégrité** et **l'authenticité** des données.

L'Agence nationale pour la sécurité des systèmes d'information (ANSSI) définit le **chiffrement** comme la **transformation cryptographique** de données qui produit un cryptogramme. Ce chiffrement des données repose sur la **cryptograghie,** entendue comme la discipline incluant les principes, moyens et méthodes de transformation des données, dans le but de cacher leur contenu, d'empêcher que leur modification ne passe inaperçue et/ou d'empêcher leur utilisation non autorisée (Norme ISO 7498-2). La cryptographie détermine les **méthodes de chiffrement** et de **déchiffrement.** Une attaque portant sur les principes, moyens et méthodes de cryptographie est appelée une analyse cryptographique.

Veillez à **chiffrer toutes les données sensibles,** y compris les informations relatives aux clients et celles concernant vos employés. Le chiffrement complet du disque dur est techniquement possible dans pratiquement tous les systèmes d'exploitation actuels et permet de protéger l'accès à toutes les données d'un ordinateur de bureau ou d'un ordinateur portable le cas échéant.

Vérifiez que votre logiciel de chiffrement est activé et mis à jour sur tous les terminaux utilisés dans votre entreprise. Il est recommandé d'utiliser un algorithme reconnu et sûr.

Chiffrer les données sensibles traitées par votre entreprise lorsque vous les stockez ou les envoyez sur le réseau Internet afin que seuls les utilisateurs approuvés puissent y accéder doit devenir un réflexe. Ce chiffrement **réduira les risques d'interception, de destruction** ou de **falsification des données** par des personnes non habilitées.

b) Stockez séparément les données sauvegardées :

Après le chiffrement de vos données, les **sauvegarder sur un support externe** est un autre moyen essentiel de vous protéger des effets d'une cyberattaque ou d'un cyberespionnage.[46] Dès lors que des rançongiciels (*ransomware*) verrouillent les systèmes d'informations des entreprises ciblées, chiffrent leurs données et demandent le paiement d'une rançon en échange de leur restitution, il est essentiel pour votre entreprise de garder une longueur d'avance **en sauvegardant toutes vos données** et **en les stockant séparément**. Dans le cas contraire, c'est votre activité qui est brusquement stoppée et la livraison ou la fourniture de services à vos clients qui est interrompu. L'impact financier peut être lourd.

Ce stockage séparé des données devra être fait dans **un lieu sécurisé**. Ne laissez pas ces supports de stockage connectés à un ordinateur car ils peuvent également être infectés lors d'une cyberattaque. Avoir une copie de vos données sensibles dans **un emplacement séparé et sécurisé** vous permettra de récupérer les informations rapidement et facilement et de rétablir la capacité opérationnelle de vos équipes en cas de cyberattaques.

Enfin, il est important de **vérifier et tester régulièrement** que vous pouvez récupérer vos données à partir de votre source de sauvegarde. Cette démarche devra

---

[46] Voir BIGOT (S.), « *Les Etats face à l'espionnage dans le cyberespace* », Juin 2019 : https://amzn.to/2JVC6U5 ;

faire l'objet d'une procédure écrite qui s'intégrera dans la politique de sécurité de votre entreprise.

c) Protégez l'accès aux ordinateurs :

Une autre mesure de protection est de **protéger l'accès aux ordinateurs, téléphones et tablettes** de votre entreprise.

Minimisez la durée pendant laquelle un ordinateur reste inutilisé et déverrouillé en configurant tous les périphériques de votre entreprise pour qu'ils **passent automatiquement en mode «veille» ou «verrouillé»** après une durée de cinq minutes d'inutilisation.

Fixer les ordinateurs au bureau de l'utilisateur grâce à un câble sécurisé réduit aussi les risques d'accès non autorisés à vos données.

L'utilisation des **filtres de confidentialité** sur les écrans des ordinateurs fixes et portables de votre entreprise neutralisera les regards indiscrets.

Lors de **déplacements, protégez vos données sensibles** en n'emportant que celles indispensables à votre mission et **ne laissez pas sans surveillance** votre matériel informatique (ordinateur, tablette, téléphone). L'espionnage économique a souvent lieu **dans les trains, les hôtels et les restaurants**, lorsque la victime baisse sa vigilance et laisse sans surveillance ses équipements. Les données peuvent alors être exfiltrées par un professionnel formé à l'utilisation de logiciels spécifiques.

De même, des **contrôles abusifs** peuvent avoir lieu par des **agents de douanes à l'étranger** ou dans la **zone internationale d'un aéroport**. Il est par conséquent indispensable de ne **transporter que les informations utiles au déplacement** et de **manière sécurisée**. Tout voyage à l'étranger, qu'il soit professionnel ou personnel, devra donner lieu à **une vigilance active**.

Se renseigner sur la législation du pays de transit et/ou de destination concernant les contrôles douaniers sera un préalable utile.

6. Se méfier des courriers électroniques suspects :

Afin de protéger les données et équipements de votre entreprise, il est nécessaire de **former régulièrement** vos employés et cadres **à reconnaître les courriers électroniques suspects**, vecteurs de logiciels malveillants.

L'envoi de tels messages correspond aux méthodes de « **phishing** » « **hameçonnage** » et de « **spear phishing** » (hameçonnage renforcé par des méthodes d'ingénierie sociale) qui consistent à **obtenir des informations sensibles** (identifiants de connexion, mots de passe ou données bancaires) grâce à la personnalisation du message corrompu **envoyé à la cible**, celle-ci croyant que l'expéditeur est une source fiable ou connue par elle. Le « spear phishing » est la technique la plus sournoise.

Le message corrompu pourra mentionner qu'un courrier vous étant destiné n'a pas pu être délivré, que l'administration fiscale a décidé de vous rembourser une somme prélevée ou que votre fournisseur en électricité ou votre prestataire n'a pas reçu votre dernier paiement.

Ces **messages malveillants invitent** alors le destinataire – vous, un employé ou un cadre de votre entreprise - **à ouvrir et télécharger une pièce jointe infectée** par un virus espion, un virus destructeur ou un virus chiffrant l'ordinateur ou le système d'information de l'entreprise (ransomware/rançongiciel).

N'ouvrez pas, ne cliquez pas et ne téléchargez pas cette pièce jointe.

Le message peut aussi inviter le destinataire à **cliquer sur un lien** qui en apparence mène vers un site institutionnel mais qui en réalité n'est qu'un leurre, redirigeant la victime vers un serveur infecté par un programme malveillant. Il s'agit alors d'une **attaque ciblée par « point d'eau »** ou « *watering hole* », comme celle ayant ciblé le site institutionnel de l'Autorité polonaise de supervision financière d'octobre 2016 à février 2017 pour détourner le trafic de données légitime vers une plateforme corrompue.

Le nom de ce type d'attaque s'inspire de la pratique des animaux prédateurs qui rôdent près des points d'eau, attendant l'occasion d'attaquer une proie potentielle. Dans une « attaque par point d'eau », le cyberattaquant infecte par un logiciel malveillant des sites Web vulnérables et utilisés par l'individu ou l'organisation cible. La victime est alors redirigée vers un serveur contrôlé par le cyberattaquant.

Il est essentiel de **toujours vérifier l'identité de l'expéditeur de l'email**. Le moindre soupçon doit alerter le destinataire du message suspect. En cas de doute sur la légitimité d'une pièce jointe, ne l'ouvrez pas. De même s'agissant d'un lien devant mener vers une page Internet. Si l'expéditeur du message est une personne connue mais que le contenu est suspect, joignez cette personne par un autre moyen de communication afin de lever le doute. L'enjeu est **d'éviter** une infection par un virus espion, destructeur ou chiffreur (rançongiciel), dont les **conséquences financières seront graves** pour votre entreprise.

7. Former ses collaborateurs :

La formation de votre personnel implique une sensibilisation aux pratiques de la cybersécurité (a), l'adoption de politiques et procédures spécifiques (b) et la création d'une culture de travail imprégnée de cybersécurité (c). Ces trois volets doivent être alimentés par une veille régulière des cybermenaces, diffusée en interne (d).

a) La formation aux pratiques de la cybersécurité :

Il est important de **former vos employés et cadres aux menaces** qu'ils peuvent rencontrer sur le réseau Internet et **au rôle essentiel qu'ils jouent** dans la protection de votre entreprise.

Chaque membre du personnel ayant accès à un équipement connecté à Internet doit être perçu comme étant **une sentinelle** postée à une ouverture dans la muraille de sécurité de votre système d'information. Chaque sentinelle qui garde une de vos portes **doit pouvoir reconnaître** un contenu ou un message suspect et **doit savoir comment réagir**, quand ne pas ouvrir une pièce jointe ou quand ne pas cliquer sur un lien vers un site tiers, afin de **protéger votre système de toute intrusion**.

Votre personnel **doit connaître ses droits et responsabilités** en matière d'utilisation des équipements informatiques et messageries de l'entreprise, ainsi que son niveau d'accès autorisé au réseau de l'entreprise.

Soyez précis dans le texte de votre politique de sécurité sur les types de **pratiques numériques acceptables** lors de l'utilisation d'ordinateurs, d'imprimantes, d'autres périphériques et de courriers électroniques professionnels.

Il est nécessaire de **former vos employés et cadres** à la **gestion des mots de passe**, à la **reconnaissance de courriels frauduleux** et au signalement d'**activités suspectes**. Cette sensibilisation vous aidera à **garantir de bonnes pratiques** en matière de cybersécurité et vous permettra d'assurer la protection de vos données et le bon fonctionnement de votre entreprise.

Il sera très utile de **former vos employés** à l'utilisation d'un **disque dur portable sécurisé.** En effet, une cybermenace peut accidentellement passer d'un appareil du domicile d'un employé au système d'information de votre entreprise.

b) L'adoption de politiques et procédures spécifiques :

Mettez en place **des politiques et des procédures internes** pour votre personnel décrivant quelle est la norme à suivre pour accéder :

- aux données de l'entreprise ;
- aux courriers électroniques ;
- au réseau Internet ;

Établissez **une politique claire en matière de réseaux sociaux**, définissant le type d'informations commerciales que votre personnel peut partager en ligne et sur quelles plateformes. En effet, dans le cadre d'une opération de « *phishing* », un cyberespion ou un cyberattaquant peut **développer un stratagème convaincant adapté à un de vos employés ou de vos cadres** en créant un profil à partir de ses activités et des informations professionnelles et personnelles qu'il publie en ligne.

Assurez-vous que vos employés **connaissent** la politique et les procédures de sécurité informatique de votre entreprise et qu'ils **les consultent** régulièrement.

Vous pouvez également envisager **une formation de mise à jour de ces règles** de sécurité informatique et de traitement des données pour vous assurer que tous les employés les connaissent.

Afin de motiver vos employés à étudier votre politique et vos procédures de sécurité informatique, vous pouvez **organiser des tests réguliers** vérifiant leurs connaissances en la matière et leurs comportements face à une situation pratique simulée. Ces tests doivent être présentés comme utile à l'entreprise et au personnel en lui-même, ce dernier obtenant de **nouvelles compétences en cybersécurité**.

Les enjeux opérationnel et financier de la sécurité de vos systèmes d'information sont tels que cette formation du personnel constitue un investissement faible en ressource pour un résultat important.

Cette nécessité de la formation du personnel découle aussi de l'article 32 du RGPD qui **impose** la mise en place de **procédures internes réglementant l'accès aux données personnelles traitées** par votre organisation. En effet, le responsable du traitement et le sous-traitant doivent **prendre des mesures pour garantir que** toute personne physique agissant sous leur autorité et qui a accès à des données à caractère personnel, ne les traite pas, **excepté sur instruction du responsable du traitement**, à moins d'y être obligée par le droit de l'Union ou le droit d'un État membre. D'où l'importance d'organiser l'accès aux données sur le réseau interne de votre entreprise et de former vos employés et cadres à respecter les procédures requises.

c) La création d'une culture imprégnée de cybersécurité :

Les employés et les dirigeants sont eux-mêmes **la cause la plus fréquente de fuites de données** et **d'intrusion dans le système d'information** de l'entreprise car beaucoup ne savent pas reconnaître les menaces externes quand elles apparaissent.

En premier lieu, la formation du personnel sur les **dangers des réseaux non sécurisés** est essentielle. Interdire aux employés **d'utiliser leurs appareils personnels pour mener leurs missions professionnelles** peut sembler une approche évidente, mais cette stratégie fonctionne rarement sur le long terme. **Souvent, les employés et les cadres** en ont assez des inconvénients résultant de cette interdiction et **retournent travailler sur leurs appareils personnels,** peu importe les règles interdisant ce comportement pour des raisons évidentes de protection des informations de l'entreprise.

Il est donc **plus efficace d'enseigner** au personnel **comment utiliser** à la fois leurs appareils personnels et leurs appareils de travail **de manière à minimiser le risque d'être piraté.** La priorité doit être de les renseigner sur les **risques associés à**

l'utilisation de réseaux non sécurisés pour accéder à des informations professionnelles.

Cette démarche d'information doit inclure **des définitions claires** de ce que sont des **réseaux Wi-fi non sécurisés** et de **leur emplacement**, tels que les cafés, les restaurants, les aéroports, les hôtels, les transports en commun, etc. Il est ensuite nécessaire de former le personnel pour qu'il soit capable de **vérifier si un réseau est sécurisé** (les réseaux sécurisés nécessitent une clé / un mot de passe fort pour y accéder).

En deuxième lieu, les employés de votre entreprise doivent être sensibilisés à l'importance de **ne jamais accéder à des sites Web non sécurisés sur des appareils de travail**, car cela peut donner à des cybercriminels un accès direct aux données sensibles stockées sur cet appareil, ainsi qu'à l'historique et aux mots de passe du navigateur s'ils sont sauvegardés. Un indice de sécurité d'un site Web sera **la présence** dans la barre d'URL du navigateur du **protocole HTTPS** et de son **cadenas vert.**

En dernier lieu, une **procédure interne de signalement** des incidents ou évènements inhabituels doit être mise en place. Vos employés, véritables sentinelles de votre entreprise, doivent pouvoir faire remonter l'information jusqu'à la direction de l'entreprise. Pour que toute procédure de signalement soit efficace, **la communication** entre employés et services de votre entreprise **doit être facilitée et fluide.** Des **réunions de formation** en cybersécurité à échéance régulière et rassemblant vos différentes équipes et services doivent faire naître cette **communication fluide, clé de la résilience** de votre entreprise en cas de crise. La **bienveillance** et la **démarche orientée vers la présentation de solutions** lors de ces formations **favorisera l'engagement et la transparence** de vos équipes dans la mise en œuvre de votre politique de cybersécurité.

d) Mener une veille régulière des cybermenaces :

Vos employés et cadres doivent en outre **être informés des dernières pratiques de** *phishing,* **d'appels téléphoniques frauduleux** (fraude au président / fraude au fournisseur / fraude au banquier / fraude à l'avocat) ou de **sollicitations sur les réseaux sociaux** afin de mieux reconnaître les messages, demandes et comportements malveillants et préserver le système d'information de votre entreprise de toute intrusion.

En matière de commerce en ligne, les **problèmes liés aux transactions** et à **la fraude en matière de paiement** peuvent créer de réelles difficultés pour les entreprises du secteur. Il est essentiel de **rester informé** de l'état des dernières cybermenaces et autres escroqueries.

S'abonner à des publications spécialisées diffusant en ligne les dernières actualités en matière de cybermenaces et de cybersécurité peut être une **démarche de veille des cybermenaces utile** pour la culture de cybersécurité interne à votre entreprise.

8. Mener des audits de sécurité informatique :

Les audits de sécurité de vos systèmes d'information (SSI) sont importants car ils vous **aident à identifier les vulnérabilités** dans les procédures, les équipements et le système d'information de votre entreprise. Suite à un audit de sécurité vous pourrez apporter les modifications nécessaires à une meilleure protection. C'est une notion de base de la gestion des risques. Toutefois, un audit SSI n'est jamais une solution unique. Vous devrez **mener de tels audits à échéances régulières**, au moins une fois par an. **Les PME et les TPE** ont tout avantage à effectuer un audit de sécurité informatique, car par leurs nombres et leurs ressources plus limitées, elles sont les plus visées par les cybercriminels.

Les **menaces évoluent rapidement**. De nouvelles vulnérabilités *zero-day*[47] sont régulièrement découvertes par les cybercriminels qui passent au crible les codes des logiciels et systèmes d'exploitation. Au fur et à mesure que **votre entreprise grandit**, vous continuerez à ajouter des logiciels, des équipements et autres périphériques reliés au réseau Internet. En outre, l'internet des objets **accroît nettement la surface d'exposition** de l'entreprise aux cybermenaces.

En ajoutant de nouveaux équipements au système d'information de votre entreprise, vous créez de **nouveaux ports** qui sont de **potentiels points d'entrées** pour des cybercriminels ou des cyberespions. Les nouveaux logiciels, qu'ils soient exécutés

---

[47] Faille *zero-day* : Faille de sécurité inconnue n'ayant fait l'objet d'aucune publication et d'aucun correctif par l'éditeur du produit concerné. Lorsque des individus malveillants découvrent une faille zero-day, ils peuvent soit l'utiliser soit la vendre à un prix élevée sur des forums opérant sur le Darknet. Après leur identification/divulgation, ces failles zero-day sont corrigées rapidement.

sur des appareils individuels ou sur le *cloud* en tant que **solution SaaS** (Software as a Service), peuvent également introduire de nouvelles vulnérabilités pour votre entreprise.

Un nouvel équipement ou un nouveau programme logiciel exécuté sur un seul périphérique peut ne pas nécessiter une révision majeure de votre architecture de sécurité. Cependant, au cours d'une année, il est facile de perdre le compte des changements informatiques au sein de votre organisation. En effectuant un audit SSI annuel, vous pouvez **reconstituer un tableau complet de l'état général de la sécurité de votre système d'information** et **résorber les lacunes** en matière de cybersécurité éventuellement introduites au cours de 365 jours de changements.

En tenant compte des pertes financières, de l'impact pour la réputation de votre entreprise et de la perte de secrets industriels et commerciaux, le temps et les efforts nécessaires pour réaliser un audit SSI approfondi en valent largement la peine.

9. Sécuriser l'intervention de sous-traitants :

De nombreuses entreprises ont recours aux **services de sous-traitants** pour diverses missions. Lorsque l'activité en question consiste à **gérer** ou **intervenir sur le système d'informations de votre entreprise**, plusieurs précautions s'imposent. En effet, l'intervention d'un tiers à votre entreprise génère toujours **un risque sur l'intégrité**, la **disponibilité** ou la **confidentialité** de votre système d'information et de vos données.

Qu'il s'agisse d'un agent du sous-traitant qui porte atteinte délibérément à votre système dans un but malveillant (espionnage économique, cybercriminalité) ou de l'exemple classique d'une intrusion externe dans le système de votre sous-traitant en vue d'atteindre le système de votre entreprise, **vous pouvez anticiper** en mettant en œuvre plusieurs actions.

Avant la réalisation de la prestation par un tiers, vous devrez **définir précisément le périmètre d'intervention** et les **modalités d'interconnexion**.

Isolez suffisamment le réseau informatique sur lequel interviennent les prestataires. Pour accomplir leurs missions, ces derniers n'ont en effet pas de besoin d'accéder à l'ensemble de votre système. **Créez** aussi des **comptes d'utilisateurs temporaires** pour ces prestataires, qui **expireront immédiatement après** la réalisation de leur mission. Votre équipe informatique devra mettre en place **un outil de suivi** des informations et données détenues par le prestataire. Ce registre de suivi devra faire l'objet d'une **sauvegarde externe et sécurisée.**

Dans le contrat liant votre entreprise au prestataire, **décrivez précisément** la nature des **missions et obligations de ce prestataire.** L'inclusion d'une **clause de confidentialité** couvrant l'ensemble des informations et données de votre entreprise, auxquelles le prestataire pourrait accéder dans le cadre de sa mission, **est indispensable.** Prévoyez aussi une clause **imposant** au prestataire **un niveau de sécurité informatique** minimum. (Politique de sécurité des systèmes d'information, audits de sécurité réguliers, formation du personnel, certifications ISO)

Privilégiez un prestataire **dont le siège social est situé en France** ou à défaut dans un autre **Etat membre de l'Union européenne**, afin de faciliter une procédure judiciaire en cas de mise en cause du prestataire.

La **nomination d'un interlocuteur** de ce prestataire parmi vos employés permettra de veiller au bon déroulement de la prestation et à ce que les dispositions contractuelles soient appliquées.

Après la réalisation de la prestation, **supprimez toute interconnexion** de votre système d'information avec celui du prestataire et **tout compte d'utilisateur temporaire** créé pour les intervenants. **Vérifiez les équipements utilisés** par le prestataire durant son intervention. En cas de **fuite de données constatées** par votre service informatique, **contactez sans délai les autorités compétentes** et **votre assureur.**

Si la fuite concerne des **données à caractère personnel**, c'est-à-dire relatives à des personnes physiques, **l'autorité compétente** doit **être informée au plus tard 72h après la prise de connaissance de l'incident.** En cas de retard, la notification devra être accompagnée des motifs de ce retard, conformément à l'article 33 du RGPD du 27 avril 2016. L'autorité de contrôle compétente est déterminée aux termes de l'article 55 du RGPD. En France, la **CNIL** doit être notifiée de l'incident causant une violation de données personnelles dans un délai de 72h. Si la fuite de données résulte d'une cyberattaque, les **les services de police ou de gendarmerie** doivent être contactés. Tout élément technique constituant une preuve devra leur être fourni.

10. Bien choisir son prestataire d'hébergement cloud / en nuage :

Concernant les **solutions d'hébergement de données** par la **technique en nuage/cloud**, il est impératif de choisir un prestataire dont le siège social et les **serveurs d'hébergement sont situés en France** ou à défaut sur le territoire d'un Etat membre de **l'Union européenne**. En effet, les législations étrangères sont souvent moins protectrices des données hébergées et une éventuelle procédure sera plus complexe à mener en dehors de l'Union européenne. Il est évident que les **données les plus sensibles** devront **être stockées dans l'infrastructure interne** à votre entreprise.

Toute migration de logiciels et applications métiers de votre entreprise vers un service *cloud* devra **faire l'objet d'une analyse de risques** préalable en termes de disponibilité, d'intégrité et de confidentialité des données.

Chapitre VI   Le recours à des outils techniques adaptés :

Parallèlement à la mise en œuvre des bonnes pratiques précitées, protéger votre entreprise contre les cybermenaces implique **d'utiliser des outils techniques spécifiques**. Il est ainsi nécessaire d'appliquer les mises à jour et les patchs régulièrement (1), d'utiliser un logiciel antivirus à jour des menaces en constante évolution (2), d'utiliser un VPN lors de vos connexions (3), de chiffrer les données et fichiers sensibles (4), d'utiliser un registre d'utilisation de vos équipements numériques (5) et de recourir à un filtreur de messages SPAM (6).

1. Mises à jour régulières et patchs :

La protection de votre entreprise contre les cybermenaces requiert la **mise à jour régulière** de votre **système d'exploitation** et des autres **logiciels utilisés par vos employés**. Assurez-vous que cette démarche est effectivement mise en œuvre régulièrement.

Les mises à jour intègrent en effet des **correctifs qui résolvent les nouvelles vulnérabilités de sécurité** identifiées dans les logiciels et les systèmes d'exploitation. Ces failles sont susceptibles d'être exploitées à des fins malveillantes par les utilisateurs de rançongiciels (*ransomwares*), cyberattaquants et cyberespions.

Ces mises à jour de sécurité protègeront vos systèmes informatiques en cas d'ouverture d'une pièce jointe infectée reçue par message électronique, par une clé USB ou en cas de consultation de site Web compromis (*waterhole*).

Les avantages des mises à jour ne concernent pas que la sécurité : les correctifs suppriment également les bug éventuels de logiciels et peuvent ajouter de nouvelles fonctionnalités aux programmes que vous utilisez dans le cadre de vos activités.

Enfin, la mise à jour de vos outils recouvre aussi l'idée **d'actualisation de vos besoins** en logiciels. **Supprimez** tout logiciel ou équipement **dont vous n'avez plus besoin** et assurez-vous qu'aucune information sensible n'y figure lorsque vous les désinstallez. Un logiciel non utilisé reste une potentielle porte d'entrée dans votre système.

2. Utiliser un logiciel antivirus et un pare-feu à jour :

Des logiciels malveillants tels que des programmes espions ou des virus détruisant ou chiffrant vos données peuvent infecter les ordinateurs fixes et portables, les imprimantes, les photocopieurs et les appareils mobiles de votre entreprise.

Alors que l'impact matériel et financier d'une cyberattaque ou d'un cyberespionnage peut porter un coup sévère à votre activité, protéger votre entreprise contre les programmes malveillants est vital.

Installez un logiciel de sécurité sur les ordinateurs et les périphériques de votre entreprise pour réduire au minimum le risque d'infection et **assurez-vous qu'il inclut des filtres anti-virus, anti-spyware et anti-spam.**

Assurez-vous que le logiciel de sécurité est **mis à jour automatiquement**, car les mises à jour peuvent contenir d'importants correctifs de sécurité basés sur des attaques et des virus récents.

Vérifiez que la sécurité du **pare-feu** (Firewall) est configurée pour **protéger vos réseaux internes** des flux extérieurs de données. Le logiciel de pare-feu doit aussi être tenu à jour.

N'oubliez pas **d'installer le pare-feu sur tous les périphériques fixes et portables** de votre entreprise pour empêcher les menaces d'entrer sur votre réseau. Bien que des logiciels antivirus efficaces pourront détecter et isoler des virus informatiques dès qu'ils se déclenchent, il est **essentiel d'empêcher ces virus de pénétrer dans votre système.**

Investir dans **un pare-feu optimisé vous aidera à empêcher les logiciels malveillants de pénétrer dans vos systèmes informatiques.** Et comme les cybermenaces évoluent rapidement, veillez à effectuer les mises à jour de votre pare-feu et de votre logiciel antivirus **dès qu'elles sont disponibles.** Ces mises à jour sont réalisées en réponse aux dernières menaces et constituent donc un outil essentiel dans la lutte contre les cyberattaques.

3. Utiliser un VPN pour la confidentialité des connexions :

Abréviation de *Virtual Private Network* (Réseau privé virtuel), un VPN **chiffre et sécurise** tout le **trafic Web qui traverse votre appareil** en le routant via un serveur intermédiaire sécurisé. Cela signifie qu'il est difficile pour des intrus d'intercepter et de récupérer vos données confidentielles. Les VPN aident les entreprises à **se protéger des cybercriminels et des cyberespions.**

Vous ne savez tout simplement pas ce que votre café au coin de la rue ou même les grandes chaines de restaurants, les hôtels ou les aéroports font pour garantir la sécurité de leur accès Wi-Fi à Internet. Un VPN vous garantira une couche de sécurité dans les lieux publics et préservera la confidentialité de votre trafic. Le VPN empêchera également des intrus de suivre et d'intercepter vos conversations téléphoniques via le réseau Internet.

Un service VPN gratuit **semble être une option attrayante** pour les entreprises cherchant à réduire leurs dépenses et à éviter les frais généraux inutiles. Cependant, cette approche est mauvaise. Le **recours à un VPN gratuit** est en effet **une pratique risquée.** Les VPN gratuits **n'auront ni de normes de chiffrement strictes, ni de connexions rapides.** Le **chiffrement faible** du trafic par un VPN gratuit signifie que votre entreprise peut être l'objet d'une tentative de piratage et sous le coup d'une **menace réelle de perte de données.** Des vitesses lentes entraîneront des **temps d'attente plus longs** pour les transferts de fichiers ou les connexions aux serveurs distants de l'entreprise, ce qui **impactera votre productivité**.

Dans certains cas, des **services de VPN gratuits** peuvent **insérer des cookies de suivi, collecter les données d'utilisateur** et **les vendre** à des annonceurs. Il est certain que vous ne voudriez pas que cela se produise pour votre entreprise. C'est pourquoi il est dans votre intérêt d'éviter les VPN gratuits. Donnez-vous les moyens de vos ambitions. Dans un environnement concurrentiel, vous devez protégez efficacement vos données industrielles et commerciales afin de pouvoir générer du chiffre d'affaires et des bénéfices. Une protection efficace nécessite toujours un investissement.

Dans certains pays, l'utilisation d'un VPN est illégale, alors vérifiez la législation qui s'applique à votre lieu de connexion de départ.

4. Chiffrer les fichiers sensibles :

Le **chiffrement** garantira **la confidentialité des données** que vous **envoyez, recevez et stockez**. Cette pratique existe depuis l'Antiquité. Jules César, le célèbre général et homme d'Etat romain, y avait recours pour protéger le caractère secret de ses correspondances. Les généraux et éphores spartiates utilisaient la scytale (*skutalê*), une baguette en bois permettant de chiffrer un message inscrit sur une lanière de cuir ou une bande de tissu.

Le principe reste le même aujourd'hui. Peuvent être chiffrés les **messages stockés et échangés** sur votre téléphone, des **fichiers industriels et commerciaux** stockés et échangés sur vos ordinateurs/serveurs ou des **informations bancaires** envoyées via votre compte en ligne professionnel.

Les avocats, médecins, journalistes, les experts comptables ou toute autre profession imposant un strict secret professionnel sont concernés. L'ordinateur portable de vos employés, de vos collaborateurs, de vos cadres ou même le vôtre pourrait malheureusement être volé un jour. Le **chiffrement** est un **correctif efficace à ce risque**. Cette procédure est en outre **un argument fort pour la confiance** de vos clients et partenaires.

Le chiffrement rend illisible l'information codée pour toute personne n'ayant pas accès à une clé dite de déchiffrement. Cette pratique est aujourd'hui essentielle pour la cybersécurité. Le procédé vise à brouiller le texte lisible afin qu'il ne puisse être lu que par la personne qui possède le code secret ou la **clé de déchiffrement**. Il aide à assurer la sécurité de l'accès aux données impliquant des informations sensibles.

La CNIL conseille d'utiliser des solutions de chiffrement dans le cadre de l'entreprise ou de certaines professions manipulant des données sensibles.

Il est nécessaire d'utiliser des **logiciels de chiffrage recommandés** par des **organisations certifiées**. Des logiciels tels qu'AxCrypt et 7Zip sont des solutions accessibles pour chiffrer à un niveau élevé (chiffrement *Advanced Encryption Standard* 128 ou 256 bits) n'importe quel fichier à partir d'un ordinateur ou d'un téléphone. Ces logiciels utilisent un **chiffrement symétrique**. Pour que le destinataire ou le lecteur légitime puisse lire le fichier, il devra **connaître le mot de passe**, qui fera office de **clé de déchiffrement**. Il faudra donc lui envoyer ce mot de passe par **un canal de communication différent** (sms, message vocal) de celui utilisé pour l'envoi du fichier (courrier électronique).

Le **chiffrement des informations d'identification personnelle** est utile pour les organisations, grandes et petites, afin de **protéger la confidentialité des données** des clients.

De très nombreuses informations personnelles sont **gérées en ligne et stockées dans le cloud** ou sur des **serveurs connectés de manière permanente au Web**. Il est presque impossible de mener des activités commerciales sans que des données personnelles se retrouvent dans le système informatique en réseau d'une entreprise. C'est pourquoi il est important de savoir comment préserver la confidentialité de ces données. Le chiffrement joue donc **un rôle essentiel dans l'activité des entreprises**.

Quels problèmes en cas de défaut de chiffrement des données sensibles ?

Mis à part **la mauvaise publicité** et la **perte de confiance** de la part **des clients** qui décident que le stockage de leurs données par votre entreprise n'est pas fiable, vous pourriez également risquer une forte amende pour méconnaissance de vos obligations de sécurité. En cas de protection insuffisante, la CNIL peut en effet imposer à votre entreprise une mise en demeure ou une sanction pécuniaire. Cette amende aurait pu être évitée en ne **dépensant qu'une fraction de son montant** dans un **programme de base de chiffrement** pour tous les ordinateurs de votre entreprise.

Enfin, l'article 32 du RGPD, imposant aux responsables de traitement de données personnelles et à leur sous-traitant une obligation de sécurité, mentionne **le chiffrement** des données à caractère personnel comme **mesure technique et organisationnelle appropriée**.

5. Tenez l'inventaire de vos équipements numériques :

Conservez un registre de tout le **matériel informatique et des logiciels utilisés** par votre entreprise. Ce registre devra indiquer le lieu d'utilisation de l'appareil et l'identité de son utilisateur. Le registre devra aussi mentionner la liste des logiciels installés sur votre réseau.

Maintenez vos équipements en lieu sûr pour **empêcher tout accès physique non autorisé** et rappelez à vos employés et cadres de garder à l'esprit où et comment ils conservent leurs appareils.

Ne négligez pas l'efficacité de **l'attachement physique des ordinateurs aux bureaux**. Il s'agit d'un moyen simple, mais efficace, d'empêcher les intrus de sortir de vos locaux avec vos équipements et les données sensibles qu'ils contiennent.

Enfin, installez un logiciel du type « ***find my device*** » sur tous les ordinateurs portables, téléphones et tablettes de votre entreprise. Ce faisant, le matériel volé pourra être rapidement localisé par les autorités compétentes.

Les fuites de données sont causées soit par une opération de cyberespionnage, soit par le vol physique d'équipements informatiques. **L'inventaire** et la **protection physique de votre matériel** sont donc **des stratégies simples** pour améliorer la protection de votre entreprise contre les cybermenaces.

6. Utiliser un filtreur de messages SPAM :

Un filtre anti-spam est un logiciel qui permet d'identifier et de bloquer les messages indésirables, ou « spam », dans votre application de messagerie. Utilisez un **filtre anti-spam** pour réduire le nombre de courriers électroniques indésirables et de *phishing* envoyés à votre entreprise. Voici quelques étapes à suivre pour utiliser un tel filtre :

1. **Vérifiez les paramètres de votre application de messagerie** : de nombreuses applications de messagerie ont des filtres anti-spam intégrés qui peuvent être activés dans le menu des paramètres. Recherchez des options telles que « Filtre anti-spam », « Courrier indésirable » ou « Contacts bloqués ».

2. **Ajouter des contacts à votre liste bloquée** : de nombreuses applications de messagerie vous permettent de bloquer des contacts ou des numéros de téléphone spécifiques. Cela peut être utile pour bloquer les messages indésirables provenant de personnes que vous ne connaissez pas ou dont vous ne souhaitez plus recevoir de messages.

3. **Utiliser des filtres anti-spam tiers** : certaines applications de messagerie vous permettent également d'installer des filtres anti-spam tiers à partir de l'App Store. Ces filtres peuvent aider à identifier et à bloquer les messages indésirables provenant de numéros inconnus ou de contacts suspects.

4. **Signaler un spam** : si vous recevez un message que vous pensez être du spam, la plupart des applications de messagerie offrent une option pour signaler le message. Signaler le message aidera le messager à améliorer son algorithme de filtrage anti-spam.

5. **Soyez prudent lorsque vous cliquez sur des liens ou ouvrez des pièces jointes** : Les spammeurs utilisent souvent des liens ou des pièces jointes pour diffuser des logiciels malveillants ou voler des informations personnelles. Soyez prudent lorsque vous cliquez sur des liens ou ouvrez des pièces jointes provenant de contacts inconnus ou de messages suspects.

Les messages de type spam proviennent généralement d'une personne ou d'une organisation que vous ne connaissez pas et ils contiennent souvent des offres trop belles pour être vraies. **Ne répondez pas, n'essayez pas de vous désabonner et n'appelez pas le numéro indiqué dans le message**. La meilleure chose à faire est de **les supprimer**. L'utilisation d'un filtre anti-spam contribuera à **réduire le risque** que vous ou vos employés et cadres ouvriez par accident un **courrier électronique frauduleux**.

Il est important de garder à l'esprit que les filtres anti-spam ne sont pas parfaits et peuvent ne pas attraper tous les spams. C'est toujours une bonne idée d'être prudent lorsque vous ouvrez des messages provenant de contacts inconnus et de signaler tout message que vous pensez être du spam.

Dans le cadre d'une démarche complète d'amélioration de la cybersécurité de votre entreprise, la mise en œuvre des bonnes pratiques décrites plus haut et le recours aux outils techniques précités devront être associés aux missions du « délégué à la protection des données » et de votre département des systèmes d'information. (VII)

Chapitre VII   S'appuyer sur un DPO et un DSI :

Le délégué à la protection des données (DPO) et le département des systèmes d'information (DSI) sont des acteurs clés pour toute entreprise possédant et utilisant un système d'information.

1. Le Délégué à la protection des données :

Les missions du « *Data protection officer* » ou « délégué à la protection des données » ont été mises en avant dans le texte du RGPD du 27 avril 2016, entré en vigueur le 25 mai 2018. Son régime est fixé par les articles 37, 38 et 39 du règlement.

D'après le rapport d'activité 2018 de la CNIL, 51 000 organismes ont désigné un DPO, ce qui représente **18 000 délégués** par effet de mutualisation. Un tiers de ces organismes sont des entités publiques.

La création d'un DPO est **obligatoire pour certaines organisations**, facultatives pour d'autres.

Votre entreprise doit **désigner un délégué à la protection des données** si, d'une part, ses activités de base l'amènent à **réaliser un suivi régulier et systématique des personnes à grande échelle,** et si, d'autre part, ses activités de base l'amène à **traiter à grande échelle des données dites « sensibles »**. (Article 37 du RGPD)

Sont concernés les **établissements bancaires** et les **sociétés d'assurance** qui collectent des données personnelles sur des personnes physiques ou morales, leurs dépenses ou leur taux de sinistralité.

Les **entreprises de téléphonie mobile** sont aussi soumises à cette obligation de nomination d'un DPO. Ce dernier devra s'assurer que le traitement des informations relatives aux conversations téléphoniques des personnes, aux habitudes d'appel et à leur consommation est conforme au RGPD.

Les **agences immobilières** relèvent aussi de ce régime, dès lors qu'elles reçoivent, stockent et envoient des données à caractère personnel dans le cadre de leurs missions de propositions de services de location, de vente, d'achat et de gestion de biens immobiliers à des personnes physiques.

Tout entreprise commerciale créant, alimentant et stockant un fichier rassemblant les données personnelles de clients voit s'appliquer à son égard le RGPD et doit nommer un « Délégué à la protection des données ».

Toutefois, un **groupe d'entreprises** peut désigner **un seul délégué à la protection des données** à condition que ce délégué à la protection des données soit facilement joignable à partir de chaque lieu d'établissement. (Article 37 du RGPD) Cette **possibilité de mutualiser** la figure du DPO **s'adresse aux TPE** dont les moyens financiers sont plus faibles que ceux des PME et autres grandes entreprises.

En dehors de ces cas de désignation obligatoire d'un délégué à la protection des données, la pratique est encouragée car elle permet de **confier à un expert** l'identification et la coordination des actions à mener en matière de protection des données personnelles, afin **d'anticiper et de prévenir les risques**.

2. Le rôle du Département des systèmes d'information :

Le département des systèmes d'information d'une entreprise est l'acteur privilégié en matière de cybersécurité. A la tête de ce département, le responsable de la sécurité de l'information (RSSI) est un **cadre dirigeant** qui est **chargé d'établir et de maintenir la vision, la stratégie et le programme de l'entreprise** afin de garantir la protection de ses systèmes d'information. Les anglophones désignent ce responsable sous le terme de « *Chief Information Security Officer* » (CISO).

Les priorités de sécurité peuvent varier d'une entreprise à l'autre. Pour une entreprise gérant des données de santé ou fournissant des services bancaires, la confidentialité sera une priorité. Les procédures seront très encadrées. Pour une entreprise commerciale vendant de l'électroménager à des particuliers, l'enjeu et la disponibilité et la souplesse des procédures, tout en restant conforme au RGPD et à la loi du 6 janvier 1978 « Informatique et Libertés ».

Le rôle de CISO remonte à 1994, lorsque le géant bancaire Citigroup (alors Citi Corp. Inc.) avait été victime d'une série de cyberattaques. La banque avait alors créé le premier bureau exécutif dédié à la cybersécurité et avait engagé Steve Katz pour le diriger.

Les membres de votre département des systèmes d'information constitueront votre capacité opérationnelle en matière d'équipements et d'outils numérisés, mais aussi de cybersécurité et de cyberésilience. **Investir dans des moyens suffisants** pour que ce département puisse protéger vos systèmes d'information, vitaux pour la pérennité de vos activités, **est une priorité.**

Chapitre VIII   Investir dans une assurance adaptée :

Investir dans une assurance contre les cybermenaces s'avère aujourd'hui très utile pour toute entreprise. Si les **grandes entreprises** sont désormais couvertes, les **PME restent vulnérables** car **insuffisamment protégées** par la cyber-assurance. Très peu de PME en France ont en effet souscrit une assurance prenant en compte les risques cyber, alors qu'elles sont des cibles privilégiées des cybercriminels. Les pratiques et les infrastructures de sécurité des PME sont en effet moins robustes et agiles face aux cybermenaces. Les **TPE**, les **professions libérales** et les **micro-entrepreneurs** sont aussi concernés.

Pourtant, **l'assistance financière, juridique et technique** apportée par un service d'assurance en cas de cyberattaque **sera déterminante** pour la résilience des systèmes d'informations de votre entreprise / activité professionnelle.

En effet, un acte cybermalveillant peut avoir une forte incidence sur le chiffre d'affaires et les résultats financiers de votre activité. Il est par conséquent nécessaire d'**examiner régulièrement l'évolution de l'exposition** de son entreprise aux cybermenaces et d'**imaginer des solutions** permettant de **traverser une crise en cas d'incident**.

Cette démarche d'anticipation inclut :

- la formation, l'évaluation et la quantification à l'échelle de l'entreprise ;

- la gestion préventive des risques ;

- l'élaboration d'un plan de réponse aux incidents, couvrant la gestion de crise et la continuité des opérations ;

- la **souscription d'une assurance** couvrant les risques cyber.

Un modèle quantitatif des coûts-avantages pour traiter les cyber-expositions et les solutions pourra optimiser l'utilisation des ressources de votre entreprise, améliorer la planification financière et les rapports. Une **cyberassurance** pourra **réduire le coût total du risque cyber à long terme** et **augmenter la valeur** de votre entreprise. Un actif protégé a en effet une plus forte valeur qu'un actif vulnérable. Ainsi, la gestion du cyber-risque et la croissance des bénéfices d'une entreprise sur le long terme sont liées.[48]

Il est donc important de penser à **souscrire une offre d'assurance spécifique** pour **protéger votre entreprise** contre les conséquences financières d'une cyberattaque.

Le coût d'une cyberattaque peut aller au-delà de la réparation des bases de données, du renforcement des procédures de sécurité ou du remplacement des ordinateurs perdus. Aussi, l'impact en termes de réputation et d'image peut être significatif.

La couverture de cyber-assurance ne pourra pas protéger techniquement votre entreprise contre la cybercriminalité, mais elle **pourra protéger votre entreprise contre les coûts financiers conséquents** pouvant résulter de la cyberattaque.

Dès lors que les cybercriminels travaillent sans relâche pour trouver des failles et des moyens de plus en plus sophistiqués pour porter atteinte à la sécurité des systèmes informatiques d'administrations, d'entreprises et d'individus, même les organisations les plus soucieuses de la sécurité risquent toujours d'être attaquées.

Minimisez vos risques en faisant appel à des spécialistes pour choisir le type d'assurance qui convient le mieux à votre entreprise, en fonction du risque de cyberattaque et des conséquences financières d'un tel événement. Il est indispensable de doter votre entreprise des moyens budgétaires adaptés pour assurer la cybersécurité de votre activité.

---

[48] KALINICH Kevin, *"Treating Cyber Risks—Using Insurance and Finance"*, April 14, 2017, Chapter 10 in *"The Cyber Risk Handbook: Creating and Measuring Effective Cybersecurity Capabilities, First Edition"*, ANTONUCCI Domenic, Wiley Finance Series ;

CONCLUSION

L'objectif de ce guide est d'aider les entreprises et professionnels à mieux se protéger contre les cybermenaces, qui sont permanentes et diffuses en raison de l'omniprésence des systèmes d'information.

Une protection efficace est possible et dépend de bonnes pratiques et d'outils techniques simples à utiliser. La mise en place de mesures de protection de votre entreprise présente par ailleurs plusieurs avantages : la continuité de votre activité grâce à une meilleure sécurité de vos systèmes d'information (1), un renforcement de la confiance de vos clients et partenaires d'affaires (2), l'amélioration de votre efficacité commerciale (3), une meilleure gestion de votre entreprise (4) et une augmentation de sa valeur (5).

En matière de cybersécurité, l'excès de confiance, l'insouciance et l'absence de préparation sont les phénomènes les plus dangereux. Une démarche saine consiste à accepter l'incertitude et à entretenir la vigilance même en présence de procédures de sécurité robustes. La démarche doit aussi être collective. S'appuyer sur une seule personne ou une seule équipe pour assurer la cybersécurité de vos systèmes d'information est une erreur courante. Chaque membre de votre organisation est une sentinelle. Penser que l'association d'un logiciel antivirus, d'un pare-feu et d'un logiciel de chiffrement suffiront à protéger vos systèmes d'information est illusoire. C'est en effet la mise en œuvre coordonnée des bonnes pratiques et des outils techniques décrits dans ce guide, qui vous permettra d'augmenter le niveau de sécurité de vos systèmes d'information et par conséquent votre résilience en cas d'incident. Il est primordial de développer une culture de la cybersécurité au sein de votre entreprise et notamment grâce à la formation de votre personnel. Les compétences de vos employés et cadres et la valeur de votre entreprise n'en seront qu'augmentées.

Il est vrai qu'aucun système de défense n'est fiable à 100%, d'où la nécessité d'une vigilance constante et d'une formation continue des membres de votre entreprise. La cybersécurité ignore la frontière entre les champs professionnel et personnel.

Enfin, la souscription à une offre de cyber-assurance adaptée vous aidera à faire face aux conséquences d'une cyberattaque éventuelle, dont les conséquences financières peuvent être très importantes. Trop peu d'entreprises en France sont couvertes, alors que l'offre d'assurance existe. Le risque en matière de cybermenaces existera toujours, même en mettant en œuvre les bonnes pratiques et en usant les outils techniques décrits dans cet ouvrage. Le résultat obtenu ne pourra être qu'une réduction significative du risque, à la condition de maintenir votre vigilance. L'offre d'assurance vient alors couronner votre arsenal de défense face aux cybermenaces.

***

Si la lecture de ce guide vous a été utile, merci de le faire savoir en laissant un commentaire sur la plateforme de vente Amazon.

BIBLIOGRAPHIE

McAfee, *"New Global Cybersecurity Report Reveals Cybercrime Takes Almost $600 Billion Toll on Global Economy"*, February 20, 2018 : https://www.mcafee.com/enterprise/en-au/about/newsroom/press-releases/press-release.html?news_id=20180221005206 ;

Rapport d'activité 2018, CNIL : https://www.cnil.fr/fr/presentation-du-rapport-dactivite-2018-et-des-enjeux-2019-de-la-cnil ;

Conseil d'Etat, 17 avril 2019, Société Optical Center, n°422575, réformant le montant de la sanction pécuniaire décidée par la Délibération n°SAN-2018-002 du 7 mai 2018 de la formation restreinte de la CNIL ;

Règlement (UE) 2016/679 du Parlement européen et du Conseil du 27 avril 2016 relatif à la protection des personnes physiques à l'égard du traitement des données à caractère personnel et à la libre circulation de ces données ;

Rapport d'activité 2018, CNIL : https://www.cnil.fr/fr/presentation-du-rapport-dactivite-2018-et-des-enjeux-2019-de-la-cnil ;

OWENS (William A.), DAM (Kenneth W.), and LIN (Herbert S.), *"Technology, Policy, Law, and Ethics Regarding U.S. Acquisition and Use of Cyberattack Capabilities"*, Edition Committee on Offensive Information Warfare, National Research Council, 2009, p.221 : http://www3.nd.edu/~cpence/eewt/Owens2009.pdf ;

President BARACK OBAMA, *"Securing Our Nation's Cyber Infrastructure"*, The White House, May 29, 2009 : http://www.whitehouse.gov/the-press-office/remarks-president-securing-our-nations-cyber-infrastructure ;

The Commission on the Theft of American Intellectual Property, 2013 Report : http://ipcommission.org/report/IP_Commission_Report_052213.pdf ;

« *Le FBI accuse la Chine de cyberespionnage à grande échelle* », Le Monde avec AFP et Reuters, 6 octobre 2014 : https://www.lemonde.fr/international/article/2014/10/06/le-fbi-accuse-la-chine-de-cyberespionnage_4500894_3210.html ;

McAfee, *"New Global Cybersecurity Report Reveals Cybercrime Takes Almost $600 Billion Toll on Global Economy"*, February 20, 2018 :

https://www.mcafee.com/enterprise/en-au/about/newsroom/press-releases/press-release.html?news_id=20180221005206 ;

LANGE Jason and VOLZ Dustin, *"Exclusive: Fed records show dozens of cybersecurity breaches"*, Reuters, June 1, 2016 : https://www.reuters.com/article/us-usa-fed-cyber/exclusive-fed-records-show-dozens-of-cybersecurity-breaches-idUSKCN0YN4AM ;

Loi n°2013-1168 du 18 décembre 2013 relative à la programmation militaire pour les années 2014 à 2019 et portant diverses dispositions concernant la défense et la sécurité nationale ;

BIGOT (S.), « *Les Etats face à l'espionnage dans le cyberespace* », Juin 2019 : https://amzn.to/2JVC6U5 ;

CORNEVIN (C.) et CHICHIZOLA (J.), « *Les techniques d'espionnage utilisées par la Chine pour piller le savoir-faire français* », Le Figaro, 23 octobre 2018 : http://www.lefigaro.fr/actualite-france/2018/10/22/01016-20181022ARTFIG00306-les-techniques-d-espionnage-utilisees-par-la-chine-pour-piller-le-savoir-faire-francais.php ; CORNEVIN (C.) et CHICHIZOLA (J.), « *Espionnage chinois: la note d'alerte des services secrets français* », Le Figaro, 22 octobre 2018 : http://www.lefigaro.fr/international/2018/10/22/01003-20181022ARTFIG00305-espionnage-chinois-la-note-d-alerte-des-services-secrets.php ;

David P. FIDLER, *"Economic Cyber Espionage and International Law: Controversies Involving Government Acquisition of Trade Secrets through Cyber Technologies"*, The American Society of International Law, Insights, Volume: 17, Issue : 10, March 20, 2013 : https://www.asil.org/insights/volume/17/issue/10/economic-cyber-espionage-and-international-law-controversies-involving#_edn1 ;

Randolph A. KAHN, *"Economic Espionage in 2017 and Beyond: 10 Shocking Ways They Are Stealing Your Intellectual Property and Corporate Mojo"*, American Bar Association, September 19, 2018 : https://www.americanbar.org/groups/business_law/publications/blt/2017/05/05_kahn/ ;

United States of America, Office of the National Counterintelligence Executive, *"Foreign Spies Stealing US Economic Secrets in Cyberspace"*, October 2011 : https://www.dni.gov/files/documents/Newsroom/Reports%20and%20Pubs/20111103_report_fecie.pdf ;

SANGER (D. E.) and MARKOFF (J.), *"After Google's Stand on China, U.S. Treads Lightly"*, January 14, 2010 :
https://www.nytimes.com/2010/01/15/world/asia/15diplo.html ;

FEYDER (S.), *"Ex-Valspar worker pleads guilty"*, Star Tribune, September 3, 2010 : http://www.startribune.com/ex-valspar-worker-pleads-guilty/102196109/ ;

DREW (C.), *"Ex-Dow Scientist Is Convicted of Selling Secrets in China"*, The New York Times, February 7, 2011 :
https://www.nytimes.com/2011/02/08/business/global/08bribe.html ;

HARRIS (A.), "Ex-Motorola Worker on Trial for Stealing Secrets for China", Bloomberg, November 8, 2011 :
https://www.bloomberg.com/news/articles/2011-11-07/ex-motorola-worker-s-trial-focuses-on-charges-of-secrets-theft-for-china ;

BLEDSTEIN (N.), « *Is Cyber Espionage a Form of Market Manipulation* », Journal of Law & Cyber Warfare, Vol. 2:1, 2013 ;

McAfee, *"New Global Cybersecurity Report Reveals Cybercrime Takes Almost $600 Billion Toll on Global Economy"*, February 20, 2018 :
https://www.mcafee.com/enterprise/en-au/about/newsroom/press-releases/press-release.html?news_id=20180221005206 ;

U.S. Department of Justice, Office of Public Affairs, *"Chinese Company Sinovel Wind Group Convicted of Theft of Trade Secrets"*, January 24, 2018 :
https://www.justice.gov/opa/pr/chinese-company-sinovel-wind-group-convicted-theft-trade-secrets ;

U.S. Department of Justice, Office of Public Affairs, *"Court Imposes Maximum Fine on Sinovel Wind Group for Theft of Trade Secrets"*, July 6, 2018 :
https://www.justice.gov/opa/pr/court-imposes-maximum-fine-sinovel-wind-group-theft-trade-secrets ;

GORMAN (S.), *"Chinese Hackers Suspected In Long-Term Nortel Breach"*, The Wall Street Journal, February 14, 2012 :
https://www.wsj.com/articles/SB10001424052970203363504577187502201577054 ;

TSUKAYAMA (H.), "Report: Chinese hackers breach Nortel networks", The Washington Post, February 14, 2012 :
https://www.washingtonpost.com/business/technology/report-chinese-hackers-breach-nortel-networks/2012/02/14/gIQApXsRDR_story.html?noredirect=on ;

KEHOE (J.), *"How Chinese hacking felled telecommunication giant Nortel"*, May 28, 2014 : https://www.afr.com/technology/web/security/how-chinese-hacking-felled-telecommunication-giant-nortel-20140526-iux6a ;

"Nortel collapse linked to Chinese hackers", CBC News, February 15, 2012 : https://www.cbc.ca/news/business/nortel-collapse-linked-to-chinese-hackers-1.1260591 ;

"Nortel hit by suspected Chinese cyberattacks for a decade", CBC News, February 14, 2012 : https://www.cbc.ca/news/business/nortel-hit-by-suspected-chinese-cyberattacks-for-a-decade-1.1218329 ;

BIGOT (S.), « Les Etats face à l'espionnage dans le cyberespace », Juin 2019 : https://amzn.to/2JVC6U5 ;

Angel R. OTERO, *"Information Technology Control and Audit, Fifth Edition"*, July 2018, p.383 ;

KALINICH Kevin, *"Treating Cyber Risks—Using Insurance and Finance"*, April 14, 2017, Chapter 10 in *"The Cyber Risk Handbook: Creating and Measuring Effective Cybersecurity Capabilities, First Edition"*, ANTONUCCI Domenic, Wiley Finance Series ;

TABLE DES MATIERES